HORACIO MARTÍN RODIO

EL IMPERIO DEL SOL DE MEDIODÍA

El imperio del sol de mediodía
© Horacio Martín Rodio, 2024
ISBN: 9798329113105
Kercentral Magazine - Editorial. Colección Historia novelada.
Principado de Asturias, España.
info@kercentralmagazine.org
Diseño y diagramación: Kercentral Magazine
Revisión del texto: Liliana Montejo Blanco
Todos los derechos reservados

A Beatriz Milagros García Sanabria

Por eso he olvidado todo lo pasado. No temo a la muerte. Soy un dios. Pero también soy un hombre. A veces soy un hombre, hermano. Pero no se lo diga a nadie. No se lo diga a nadie.

¡Qué lástima que yo no tenga una casa! Una casa solariega y blasonada, una casa en que guardara a más de otras cosas raras un sillón viejo de cuero, una mesa apolillada y el retrato de un abuelo que ganara una batalla.

¡Qué lástima que yo no tenga un abuelo que ganara una batalla, retratado con una mano cruzada en el pecho y la otra en el puño de la espada! ¡Qué lástima que yo no tenga siquiera una espada!

Contenido

Introducción   **(9)**

1 Cuando yo era un hombre   **(11)**

2 Las llaves   **(19)**

3 Masallé   **(33)**

4 El embajador   **(39)**

5 El muerto   **(45)**

6 El chuzazo (Millaray)   **(53)**

7 Los zorros   **(63)**

8 La herencia envenenada   **(73)**

9 El soñador   **(77)**

10 La amistad de los reyes   **(85)**

11 Un ranquel   **(93)**

12 Dos zorros   **(103)**

13 Manuel Baigorria   **(109)**

14 Palabras de piedra   **(119)**

15 Amuillang (La Bellaca. 1873)   **(129)**

16 Gününa-Ken (Tehuelche)   **(147)**

17 El rencoroso adiós   **(161)**

18 La sucesión   **(173)**

19 Manuel Namún-Kurá (Talón de piedra)   **(183)**

20 El lirio de las Pampas   **(191)**

21 Vicente Pincén   **(199)**

22 La paz te será dada   **(207)**

23 La raza   **(217)**

24 Aún recuerdo   **(229)**

25 La cautiva   **(235)**

26 Epílogo   **(241)**

Apéndice   **(247)**
Biografía   **(261)**
Glosario   **(262)**

Introducción

¿Y la suerte corrida por los indígenas a manos de quienes nos quedamos?

Toda verdad histórica es una construcción de los vencedores y tiene una justificación que siempre encubre y trastoca el sentido de alguna lucha, en especial las razones del vencido, a su vez, vaciado de sentido. Hasta el punto de despojar de humanidad al adversario y reducirlo a la animalidad primitiva, mientras viste de gala, heroísmo e ideales de patria las oscuridades y crímenes del bando que ha vencido.

Como muy bien se defienden los españoles, las consecuencias de la conquista de América no es culpa de ellos sino de *nuestros antepasados*, que se quedaron acá, nosotros sabemos bien que no es del todo así.

Esta novela narra la historia ocurrida con los pueblos originarios a manos de los que nos quedamos, cuando ya los españoles no estaban, los llamados criollos o mestizos. No viene a narrar el padecimiento de civilizaciones "avanzadas" como los aztecas, los mayas o los incas, sino del despojo de la tierra sufrido por los pueblos primitivos de la llanura pampeana y la actual Patagonia argentina y chilena. Tribus que practicaban la agricultura y la cría de ganado en escala familiar, eran cazadores y recolectores, buenos orfebres y tejedores, tenían su cosmogonía, sus mitos fundantes y sus dioses. Pero se convirtieron en guerreros temibles atravesados por el complejo ecuestre, merced a los caballos y las yeguas traídos y abandonados por las distintas corrientes fundadoras. Los caballos, un arma formidable en su lucha con los cristianos, considerados por ellos invasores de la tierra.

Tribus que, en ese entonces, estaban en un estado que quedaba a mitad de camino de todo, habían adquirido la crueldad del blanco sin entender del todo las reglas para ejercerla, es decir, vivían un despertar a los excesos y la iniciación de la violencia sin límites ni fin constructivo que intente justificarla. Y que fuera sostenible en el tiempo, un fin que, por el contrario, los cristianos tenían muy claro. Nadie era consciente del escarmiento y despojo definitivo, como los chicos varones cuando, liberados de la custodia de sus padres, se dan a los excesos, temeridades y atropellos a la hora de la siesta.

En Buenos Aires, a octubre de 2023

Capítulo 1
Cuando yo era un hombre

Conversaciones con Dios

Cuando yo era un hombre soportaba trabajos y angustias de hombre; entonces, como todos, temía el dudoso poder de los dioses. Pero pronto caí en la cuenta de que ahí no estaba el negocio, y yo nunca he sido uno más en el montón.

A mí no me asustan las reprobaciones de uno o de muchos dioses, ni las amenazas de uno o de muchos hombres, ni las promesas de acciones que me habrán de remediar. Yo sé lo que cuesta cortar la vida de un solo hombre, lo difícil que es encarar esa tarea, lo seguro que hay que estar; sobre todo si uno avisa, como suelen avisarme los torpes que me quieren matar. Yo solo temo las cosas que no puedo manejar: el rayo, el viento, el fuego, la lluvia y el frío. Conmigo no pueden el hambre, la peste, la derrota, ni la muerte. Esas son cosas que les ocurren a los demás, a los pobres hombres que les temen a los dioses.

Ese es mi reino, el temor de los hombres, gobierno el reino de la voluntad.

He dejado de ser un hombre. Sé bien que no hay dioses que contenten a todos, por eso la mitad de los habitantes de la Pampa me detesta; pero la otra mitad me respeta, eso es lo que cuenta, hermano.

Cuando todos los hombres sienten que la vida se empieza a escapar de sus cuerpos, cuando se vuelven mansos, sobones y sabihondos, cuando empiezan a depender de los humores ajenos, a esa edad, yo empecé a segar vidas como si fueran nada.

Cuando todos los hombres empiezan a temer a la bruja que tienen al lado, escuchándola, obedeciéndola, asustados de la energía maligna de las viejas, yo empecé a tener mujeres como si fueran caballos, hembras jóvenes, dulces, suaves y desprevenidas. Lo mejor de tener una mujer al lado es olvidarse hasta del nombre.

Cuando todos los hombres empiezan a elegir el hijo que habrá de heredar sus pobres pilchas, yo arranqué nuevamente a engendrarlos, con furia e indiferencia, como si quisiera que todos los hijos de la Pampa llevaran mi sangre. A la Pampa misma preñaría si encontrara por dónde. Son muchos mis hijos, los elevo o los humillo a mi antojo. A su turno, cada uno de ellos se ha creído el elegido, todos han disfrutado su momento de esplendor. Ese bello momento de la juventud en el que los hombres brillan, cuando se sienten fuertes, invencibles e inmortales. Y los he dejado hacer, a veces es un buen espectáculo la vanidad de un guerrero, pero solo hasta que se equivocan, como se equivocan todos los hombres cuando quieren agradar a otro.

Algunos de ellos ya tienen la edad que tenía yo cuando decidí que era mejor empezar a ser un dios. Pero están incompletos, son fragmentos del hombre que yo era a sus años. Uno de ellos tiene la astucia, el otro la crueldad, ninguno la rebeldía para vencer al destino ni el talento para crear un reino. Porque mi reino es algo que a veces no se ve. Siempre aparece uno dispuesto a creer que ha de heredar el viento. Y los hermanos más jóvenes lo odian y le temen, suelo alentar ese odio y ese temor. Los más viejos solo esperan, saben que el hombre termina quemándose en su propio fuego; pero solo hasta ahí les da el entendimiento, ninguno ve más allá. Solo dos han escapado a este molde, ellos admiten que se puede vivir mejor al amparo de mi sombra que a las inclemencias de la incertidumbre.

Cuando todos los hombres empiezan a guardar minucias y charamuscas, pensando en la inseguridad de sus piernas y en el temblor de su pulso, yo lo he entregado todo, hasta el último cobre, nada he conservado que otros no puedan tener. De nada me luzco que otros no sientan agrado de verme lucir. Solo me he reservado lo más importante, lo único valioso, el alcohol más fuerte: el poder.

Solo hay uno como yo.

Un temor se ahuyenta con otro más grande y los dos, con un culpable. La derrota es algo que no debe ocurrir, quien acepta la derrota acepta la desgracia y entrega su destino a manos ajenas. Usted sabe, hermano, nadie será nunca generoso manejando nuestras vidas.

Para evitar la derrota, uno debe saber elegir las batallas, la astucia más alta es poder elegir el enemigo. Animarse a la batalla es la primera victoria. Pero a la victoria, pobre o grande, hay que saber vestirla, para bien lucirla, para ordeñarla. Una victoria trae otra victoria y juntas, la bonanza. La vida es guerra desde el nacimiento.

La paz solo ocurre cuando lo que hay alcanza para todos, pero para que eso sea así todos debiéramos desear las mismas cosas y en la misma medida. Usted sabe, hermano, que eso es imposible.

Me dan risa mis enemigos cuando me hablan de paz mirándome a los ojos. Sé que no tienen nada con qué amenazarme, sé bien que si pudieran me dejarían desnudo a la intemperie. Nunca haré un trato que no me beneficie mientras el más fuerte sea yo. Con los míos suelo ser generoso, no me gusta tener aliados contrariados, recelo mucho de las miradas sucias de resentimiento o temor. Un corazón agradecido nunca debe temer a Dios.

Dios siempre estará del lado de los que saben guardar el respeto y las formas del respeto.

Por eso un día dejé de ser un hombre. Porque los hombres temen. Y yo sé cómo ahuyentar sus temores.

Porque los hombres dudan, y yo sé darles todas las certezas.

Porque los hombres tienen hambre, y yo sé cómo alimentarlos.

Porque los hombres tienen frío, y yo sé cómo calentarlos.

Porque los hombres tienen sed, y yo sé dónde está toda el agua.

Porque necesitan sal, y yo soy el dueño de toda la sal.

Porque temen a la muerte, pero saben que yo los haré inmortales. Porque temen a la vida se embriagan con alcohol. Pero saben que no hay alcohol como la sangre del enemigo.

El hombre siempre necesita un enemigo para ser digno de Dios. El hombre solo se luce como tal en la guerra.

En la paz solo medran las hembras, ese es su reino miserable. Por eso un día decidí dejar de ser un hombre y me convertí en dios.

Solo una queja tengo de esta suerte. Ser Calfú-Kurá es solitario. Cuando siento mi cuerpo endurecido por los años, como una crencha embrutecida de abrojos, pienso si no hubiera sido más fácil conformarme con ser rey. Pero reyes hay muchos. Por eso lo invoco, hermano, yo también necesito hablar con un igual.

Usted sabe, los antiguos no tenían maldad, el hombre no mataba al hombre. Había abundancia antes, las lunas eran todas iguales, no sentíamos frío ni calor. Algo que hicieron los antiguos lo enojó a usted, entonces dejamos de ser todos iguales. ¿Usted qué piensa, hermano? Dígame qué piensa.

Unos fueron capaces, otros, no. Entonces ya estuvo para siempre entre nosotros la maldad, con muchas formas invisibles.

Hubo entre nosotros diestros e inútiles, solidarios y egoístas, generosos y mezquinos, vivos e idiotas, piadosos y crueles, valientes y cobardes. Encima los hombres mutan, no son siempre iguales los hombres, hermano. Así también cambia y crece la maldad. Creció tanto la maldad que acabaron matándose entre hermanos.

Con las almas de esos muertos usted hizo los pájaros y con las almas de los que se negaron a comer sangrando hizo los árboles; pero teníamos hambre y entonces nos comimos los pájaros. Y después tuvimos frío, terminamos quemando los árboles.

Es inútil buscar, hermano, jamás volveremos a encontrar el camino de regreso. Es inútil buscar. Toquinche, enojado, cortó la senda de piedra que llevaba al cielo. Y aquí quedamos los hombres y yo.

Nuestras armas siempre fueron ingenuas. El blanco nos supera largamente en maldad. La vida es dura, hermano, la vida es dura.

¿Por qué he vivido tanto si estoy equivocado?

Yo, Calfú-Kurá, que he renunciado a la paz y al favor del Huenu-Chao, ¿por qué he vivido tanto? Si estoy equivocado como dicen todos, ¿por qué he vivido tanto?

Yo me hice el hombre que los tiempos mandaban. No era mi destino vivir acorralado en los faldeos del Llalma. Yo soy y seré siempre el primero de mi raza. Mi raza es de aquellos que no temen vivir. La muerte ya no podrá conmigo, hermano. Solo con mi cuerpo, tal vez.

Por eso he olvidado todo lo pasado. No temo a la muerte. Soy un dios. Pero también soy un hombre. A veces soy un hombre, hermano. Pero no se lo diga a nadie. No se lo diga a nadie.

La chusma es débil. ¿Qué sería de nosotros sin la ingenua, cobarde e inmunda chusma? ¿Qué sería de nosotros, hermano Nguenechén? El hombre mata al hombre porque puede matarlo. ¿Usted qué piensa?

Dígame qué piensa, hermano. Si no pudiera no lo haría. Volaría si pudiera el hombre. Pero no puede, entonces no vuela.

Así es como lo digo. Como yo lo digo, es. Yo, Calfú-Kurá, que soy un hombre a veces. Pero como usted, hermano, también soy un dios.

El imperio del sol de mediodía

Capítulo 2
Las Llaves

Mejor no avivar giles, que después se te hacen contra
(Bien pulenta, de Carlos Wais)

Cuentan los antiguos que, de joven, cuando aún no era el Lonco que luego fue, Huente-Kurá, con mucho atrevimiento le pidió un día a Nguenechén el reino del ser que más admiraba en la creación, el manqué. Incrédulo o acaso divertido, el Huenu-Chao le respondió: *Cuando logres atraparlo, su reino será tuyo*.

Largo tiempo pasó el muchacho estudiando las costumbres del pájaro, en qué lugar anidaba, de cuáles presas se alimentaba, dónde las prendía y cómo o cuánto de ellas comía. Huente-Kurá notó que de angurriento no conocía medida y que, seguro de las alturas donde moraba, llegaba al extremo de no poder levantar vuelo después de comerlas.

Un día, Huente-Kurá subió a la montaña llevando consigo el potrillo más gordo que pudo encontrar, lo degolló cuidando de hacer correr mucha sangre, después, confiando en su fortuna, se dedicó a esperar. Su paciencia tuvo premio cuando apareció el manqué, que goloso de su suerte, se dedicó a comer hasta los huesos.

Al primer intento de atraparlo, como él había calculado, comprobó que el pájaro ya no podía volar. Pero aun así se le escapaba dando torpes saltos, esto también había tenido en cuenta Huente-Kurá, por lo cual había dejado el cebo en una meseta grande, como para correr detrás de él hasta su agotamiento. Cuando lo tuvo cerca, todavía sorprendido de su tamaño, igual logró atraparlo e inmovilizarlo. Inútil fue al ave intentar defenderse con sus poderosas garras, su captor había tenido la precaución de cubrirse el cuerpo con cueros frescos de guanaco.

Huente-Kurá, arrodillado a su lado, contempló satisfecho a su presa. El pájaro lo miraba asombrado por lo inverosímil de la situación, él era el predador. Vaya atrevimiento el del muchacho. Éste humildemente pidió en la victoria una señal de dios. Por fin, decidió tomar dos plumas de cada ala, las más bellas, las más largas, para acomodarlas en la vincha que le sujetaba el pelo. Después, liberó al animal con un mensaje: *Ve y dile al creador que Huente-Kurá te ha atrapado y te ha soltado. Que tiene una deuda por cumplir.*

Desde ese día hay solo un señor en los Andes. Y, por

cierto, ya no es el manqué.

Anciano ya, cargado de la sabiduría que dan los años, Huente-Kurá, gran lonco de los Llalmaché; aún disfrutaba del vasto reino arrebatado al rey de las alturas. Nada ocurría a ambos lados de los Andes que escapara a su conocimiento. Por supuesto sabía que, en los últimos años, en un valle del este, un criollo preparaba un gran ejército con la intención de cruzar su reino para correr del otro lado a los españoles. Intrigado e impaciente, esperó el jefe el momento de verlos ponerse en movimiento, sabía que durante largo tiempo los oficiales criollos intentaron obtener la información sobre los pasos, pero grande era el poder del Lonco. Ni lisonjas, dinero, o amenazas pudieron con el silencio de su gente. Solo los pehuenches se avinieron, mediante agasajos desmedidos, a orientarlos y a conceder un permiso de paso del que carecían de autoridad para otorgar.

—Pobres criollos torpes, están pagando un rescate demasiado caro por una novia fea y estéril —fue su comentario mordaz.

Pero el jefe criollo era sabio, quería precisiones. Entonces la respuesta fue inevitable, un único nombre fue pronunciado por todos.

—Huente-Kurá. Solo él, cristiano, podrá darte lo que pides.

Todavía no sabe bien por qué; pero aquí está, aún ahora que es viejo, la curiosidad y el atrevimiento pueden más en él que la prudencia. Tal como era su costumbre, llegó al lugar del encuentro con el jefe criollo bastante adelantado, quería asegurarse del sitio al que habría de confiar sus pasos, prefería soportar el menoscabo de esperar, aun siendo un gran lonco, a ser sorprendido en su vanidad. Grande fue su asombro al descubrir que ya lo estaban esperando.

—Me informaron que venía, jefe, por eso me adelanté a recibirlo.

Tampoco nada se movía en las proximidades del criollo sin que él lo supiera. Esperaba encontrar a un oficial reluciente, pero solo vino a recibirlo un paisano de sombrero falucho y poncho pampa, escoltado únicamente por dos soldados, bastante desarrapados también. Solamente en el saludo formal pudo Huente-Kurá ver el uniforme, pobre, sin adornos y; para más, remendado.

—Soy el general San Martín, encantado de conocerlo y muy agradecido de su visita.

Esa fue la primera imagen que el jefe tuvo del oficial argentino. Luego lo sorprendió su amabilidad, su educación, su acento español y el único lujo insoslayable que el cristiano lucía, su mirada. Esa mirada ávida, confiada e inquisidora a la vez, de alguien que se siente muy seguro, aun cuando debe pedir. Con seguridad, era una mirada impiadosa para juzgar, porque antes, y de igual modo, se ha juzgado a sí misma. Una mirada incómoda que a Huente-Kurá le pareció conocida.

Era cerca del mediodía, por lo cual fueron invitados a churrasquear, de bajativo les fue ofrecido vino y mate. El jefe no conocía el mate, pero el hijo que lo acompañaba sí. Al aceptar el convite hizo un comentario desafortunado a su padre.

—La necesidad vuelve gente al cristiano.

No calculó la calidad del lenguaraz, porque alguien le tradujo la frase a San Martín. Ofendido y ofensor se cruzaron dos miradas feroces, el mapuche, un gigante de melena azulada, edad indefinible y un rostro que parecía tallado en piedra, no hizo el menor gesto de incomodidad, antes se diría que pretendió probar la riñonada del gaucho con su exabrupto o acaso medir el tamaño de su necesidad.

Puede que esté en desacuerdo, pretendiendo embarrar cualquier arreglo, meditó fríamente el general. Se aguantó las ganas de borrarle la arrogancia de un sablazo, pero le dejó la mirada a cuenta de su encono. El indio sintió el impacto, nadie lo había mirado así, ni siquiera su padre. Solo él miraba de esa forma, se le hacía agua la boca de partirle al blanco la cabeza de un bolazo, pero se contuvo por respeto a su progenitor.

Huente-Kurá cayó en la cuenta de por qué le parecía familiar la mirada del cristiano, era la misma de este hijo que lo acompañaba, el cual, insatisfecho e impaciente de saberse solo el hijo de alguien, había emigrado hacia el este para levantar sus propios negocios, su aduar y su gen. Un hijo de jefe, el que había arrastrado lejos de la mansa influencia del padre a dos de sus hermanos, deslumbrados por el halo fantástico de su ambición, su astucia y su coraje; el mismo que le informaba todos los movimientos de los blancos, el que sabía negociar con ventaja, el que le mandaba arreos de vacas tan gordas y prendas de plata tan ricas que dejaban exhausta su imaginación; el mismo que con su arrogancia estaba dejando su autoridad en entredicho. Era este hijo al que había puesto por nombre Calfú-Kurá.

Sabio a fuerza de viejo, Huente-Kurá, para aflojar la situación, preguntó por un detalle que le había llamado poderosamente la atención. El origen de los soldados que acompañaban al militar.

—Son guaraníes, paisanos del lugar en que nací. Uno de ellos es mi hermano de crianza, me amamantó una india llamada Rosa Guarú, les tengo total confianza, por eso me acompañan.

Que el blanco confiara en un nativo no sorprendía a Huente-Kurá, era casi natural. Aunque arisco para darla, el indio sabía sostener su palabra. Lo notable es que el nativo confiara en el cristiano como se notaba que éstos confiaban en San Martín. Había visto en el que pudo escuchar la traducción, el odio brillando en su mirada ante la insolencia de su hijo.

San Martín entró en forma elegante por la puerta que acababa de abrirle el cacique, así discurrieron largas horas sobre el clima de sus respectivos pagos, las épocas propicias para sembrar distintas cosas, los frutos de la tierra, el bicherío, el pelaje de los caballos o el modo más eficaz de amansarlos. Una simple charla de gauchos mansos. Pero a pesar del disfrute que le producía la conversación, el cristiano se supo hábilmente sondeado en su amor a la tierra, en sus conocimientos, en sus costumbres y en su carácter.

Huente-Kurá, como buen mapuche, amaba los diálogos. Eran, a esa edad, su mayor disfrute, y sabía exprimirlos muy bien cuando se presentaban. Cuando, como en ese momento, encontraba tan buen interlocutor, tan proclive a escuchar con atención, capaz de mostrar ejemplos sin ofender, tan gentil para aceptar e incluso enriquecer la opinión que acababa de escuchar. Encantado con él mismo se quedó el gran jefe de haberse molestado en venir a prestarle sus oídos a este criollo alucinado.

—Huente-Kurá. Hemos comido, hemos conversado, un poco nos hemos conocido. Sería bueno parlamentar sobre el caso que nos ha traído aquí.

Tal vez nunca supo San Martín que acababa de ganar otra batalla con el único argumento de su forma de ser. Cuando el nativo toca por su propia cuenta el motivo de una reunión es muy proclive a dar su aprobación, cuando sucede al revés, trabajoso será llegar a una respuesta afirmativa y también muy caro. De ese modo también lo percibió Calfú-Kurá, que no pudo reprimir su desagrado.

—Nada debe tener el blanco del mapuche sin pagarlo —señaló a su padre con fastidio, aunque con resignado respeto. Y es que la actitud de San Martín incluso a él había logrado relajarlo.

El criollo, con un gesto, ordenó al lenguaraz que no le tradujera, no quería incomodar al anciano. Sobre el comentario de Calfú-Kurá; ordenó cambiar el mate para tener algo en común con el hijo tan mal amigado. Cuando el jefe le devolvió la atención arrancó francamente.

—Preparo, en Mendoza, en la zona del Plumerillo, un ejército bastante grande, lo suficiente para echar de nuestra tierra a los maturrangos. Pero necesito cruzarlo del otro lado, por eso lo he llamado a usted, esa es la ayuda que he venido a pedirle.

Nuestra tierra. La frase dejó un resabio en los mapuches, no desagradó del todo a Huente-Kurá, pero a su hijo le hizo arder la sangre.

—¿Cuántos hombres? —preguntó Huente-Kurá.

—Cuatro mil ahora, seis mil al final —respondió San Martín.

Largo y trabajoso fue hacerle entender al jefe la exactitud de la cifra por medio de los traductores, pero su hijo, que la captó rápidamente, se la explicó cuando logró convencerse de que había escuchado bien.

—¿Cuántos cruzan? —volvió a preguntar Huente-Kurá.

—Todos. Con animales, armas, municiones, cañones, provisiones y equipo. Todo lo que hay en este momento en el Plumerillo, menos los ranchos —respondió San Martín.

Este hombre está loco o asoleado, pensó en ese momento el cacique, pero cuidó bien de no expresarlo.

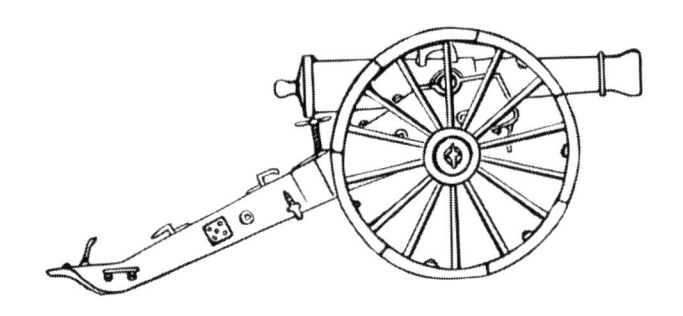

—Para tanto no sé, pero me parece que hay dos pasos posibles, ustedes los llaman Uspallata y Los Patos, hay otros más estrechos, tanto al norte como al sur, pero no creo que pueda hacerse en estas condiciones.

—Eso mismo me han dicho, jefe. También que tomando algunos recaudos cualquier gaucho prudente cruza la cordillera. Pero solo los nativos son capaces de cruzarla con tanta gente y cargada a pleno —afirmó San Martín con seriedad.

—Para traspasar lo que yo pretendo necesito quien conozca piedra a piedra toda la extensión de esos pasos, que pueda indicarme dónde apoyar cada pie y saber qué voy a encontrar del otro lado, que por fuerza deberá ser un valle bastante amplio para poder desplegar rápido un ejército. Por eso lo he molestado.

Después, en perfecto araucano largó toda la frase, que había aprendido de memoria practicándola hasta el cansancio.

—Para cruzar necesito la ayuda del Manqué —rubricó San Martín.

Calfú-Kurá sonrió entre dientes, cómo habría de evitarlo, era en verdad astuto el blanco. Huente-Kurá asintió varias veces entregado, mientras miraba con un brillo cómplice los ojos del cristiano. Tal vez, después de todo, no estuviera tan loco. Además, siempre le había gustado la gente que soñaba a lo grande. Pero, aparte, este hombre le había ganado el lado del corazón.

—Con el alma se lo agradezco, jefe. No dudo que luego podremos arreglarnos entre nativos y criollos, pero lo primero es echar a los españoles.

Esta vez la sonrisa del jefe fue más amarga, no dudaba que podrían entenderse entre ellos, pero se le antojaba que ese sería solo un arreglo entre dos personas. Después acordaron que Huente-Kurá le mandaría a San Martín cinco guías para hacer una avanzada de reconocimiento. Antes de despedirse, el anciano retomó la palabra.

—Para que esto sea en verdad un trato y no un regalo, dos cosas he de pedirle a cambio, con mis guías no quiero a los guaraníes en la montaña, ellos subirán solo una vez y será cuando tengan que cruzar.

—Así se hará, le doy mi palabra —prometió San Martín.

El jefe demoró, como rumiándola, la otra condición, mirando alternativamente a su hijo y al oficial, dibujando con la mirada una travesura de viejo diablo, quizás usó la astucia inagotable de un padre que puede corregir a su hijo ayudándole a la vez.

—Quiero que junto con los guías vaya mi hijo Calfú-Kurá, aquí presente —dijo Huente-Kurá.

Aunque de muy mala gana se presentó en el Plumerillo, nunca terminaría el gigante de agradecerle a su padre lo que vieron sus ojos y todo lo que aprendió de San Martín. Al poco de llegar se fue anoticiando que el blanco había hecho de la guerra una fábrica, un método, un arte que no dejaba nada librado a la improvisación o la suerte. Su alma corajuda debió soportar el asombro diario y el prodigio constante. Su mente inquisidora trató de entender todo descartando la magia. Recibiendo cada día un fragmento del conjunto, como si recogiera pedazos de un espejo quebrado, a final logró completar toda una imagen por su cuenta. La victoria estaba ahí.

Su inteligencia le permitió percibir antes que el gaucho el oscuro secreto del orden cerrado, las formaciones, los cuadros, los cambios de lado, las largas marchas, las cargas a destiempo. Pero, por sobre todo ello, lo deslumbró la increíble efectividad del clarín, con él, un jefe podía llegar al hombre más lejano, y ser obedecido sin necesidad de ser visto o escuchado en persona. Con solo cambiar los sonidos servía para reagruparse, para atacar todos a una, para avanzar o retirarse.

Llegado el momento de subir a los Andes, con los hombres designados por San Martín, aún tuvo tiempo Calfú-

Kurá de deslumbrarse más. Vio a los blancos repetir en forma infantil todo lo que hacían los mapuches, el modo de cubrirse, de avanzar, alimentarse o descansar. Los observó anotando con lujo de detalles cómo cargar las mulas y cómo amarrarlas. El nombre de cada cosa, cada yuyo, qué pasaría si lo comiera un animal o un cristiano. Calculaban la altura y el frío a cada rato, todo se registraba. Dibujaron una a una, desde Mendoza a Chile, cada montaña de manera inconfundible con su nombre nativo. Así como la forma del paso: si era desfiladero, cajón o valle, si se podía avanzar por él de uno en uno, de tres en tres o en formación. En medio del cruce, solo por divertirse, ordenó ejecutar a sus hombres algunas incoherencias, los blancos las repitieron hasta caer en la cuenta de que estaban siendo burlados. A pesar de la mutua desconfianza lograron reír todos juntos a la vez, pero igual siguieron con el trabajo que les encargó su jefe, paso a paso, sin omitir detalle, nada juzgaban vano, todo era importante, él decidiría después.

Al retornar a Mendoza, Calfú-Kurá ya admiraba a San Martín. Pero antes, con todo el ejército sobre los Andes debió admitir que la voluntad del blanco, bien guiada, era indomable.

Al descender en Chile ya podía dar por concluida su parte, pero sin apuro se fue quedando, tenía la intriga de ver en funcionamiento este ejército del que se sentía vagamente integrante.

En Chacabuco tuvo su oportunidad, la idea de ver blancos de distinto pelaje matándose entre ellos le dibujó una mueca de felicidad. Pero le tocó en suerte ser asistente en un cuerpo que mandaba un oficial impulsivo y arrogante, un verdadero artista en el manejo del sable, se llamaba Juan Lavalle; a su impulso vio caer gente que, aunque blanca, había compartido churrasqueadas o mateadas con él. Su sangre se alborotó en la batalla y lo empujó hacia el sitio que lo estaba esperando, tomó un potro sin jinete y con su lanza, abrió un surco de muerte entre los maturrangos. Lo disfrutó realmente, pero sin fascinarse demasiado, grandes cosas aún faltaban por ver. Le asombró la inquina con que mata el blanco, la forma insensata en que un jefe puede inmolar hasta el último hombre sin que por eso se desacredite su poder; cómo se ensaña con el derrotado, aun cuando lo ve retroceder, para darle escarmiento, para aterrorizarlo, para demostrarle que puede ser más cruel.

Aprendió que a veces la victoria no es siempre del que gana, sino del último en admitir que ha sido derrotado. Percibió la conveniencia de usar distintos cuerpos según sea el momento, el arte de la distracción, la ciencia de elegir el terreno, la importancia de una reserva descansada, que la caballería es decisiva cuando es lanzada en el momento oportuno. Vio una carga de esta arma que decidió la batalla comandada por San Martín, una carga fulminante.

Informado de su actitud en el combate, el general le dio nuevamente las gracias.

—La ayuda que tanto usted como su padre me han brindado ha sido para mí la llave de los Andes.

Después se despidieron, acaso se apretaron las manos.

Regresar a La Pampa atravesando la cordillera se hizo para Calfú-Kurá un martirio interminable, aguijoneado por la ansiedad se volvió temerario, no sentía el cansancio a fuerza de alucinar. *Seis mil lanzas necesito, seis mil lanzas bajo mi voluntad.* Solo de tanto en tanto se detenía sin más propósito que comprobar que el objeto tomado al blanco en pago de sus servicios seguía en su equipaje. Podía haberlo pedido, pero no quiso delatarse. El tesoro deseado volvió a brillar en sus manos temblorosas.

Era un clarín.

Agotado por su imprudencia cayó en la montaña, entonces, para impulsarse, para recuperar el ánimo en la inmensa e imponente soledad de los Andes, juntó dentro de sí todo el aire que pudo hasta hacerse daño y logró escuchar por primera vez el sonido estridente de toda la ventura y gloria por venir.

Tenía el mismo conocimiento de la Pampa que su padre de la cordillera, poseía la astucia, la ambición, el coraje y, aunque lo ignoró al principio, tuvo también la ayuda imprudente de los blancos, que, con su terca ceguera y su prejuicio se negaron a aceptar que se enfrentaban a un hombre extraordinario, alguien que nada ignoraba de ellos, sus muchos vicios, sus pocas virtudes, sus debilidades y su fortaleza. Con eso le alcanzó para reinar en la Pampa por casi medio siglo, decidiendo su destino desde Salinas Grandes.

Señor del escarmiento, de la lealtad bien paga, de la ciega obediencia a las leyes de la sangre, de la fría venganza, de jugar a dos puntas, de la ventaja, señor de la guerra y la paz.

Supo vencer al cristiano en su propio terreno y con sus mismas trampas. Descontrolado en el vicio de amontonar esposas e hijos, a cuál de ellos más bravo. Tuvo, sin embargo, como todos, su falla de carácter, ya que sucumbía fácilmente a las formas perfectas de un caballo, se volvía intratable hasta que fuera de él.

Llegó a vivir ciento dieciséis años sin conocer la derrota, cuando ésta ocurrió en San Carlos, amargado, se decidió a morir. Acaso confundidos por el dolor tan grande, sus hijos enterraron con sus prendas, sin saber, la llave de la Pampa: su clarín.

Capítulo 3
Masallé

Siempre encuentra quien teje, otro mejor tejedor
(Proverbio)

Y el clarín sonó....

El hombre es el único animal capaz de hacer daño a sabiendas y sin beneficio, esto debería enseñarle que nada es gratuito en esta vida, que todo retorna, o al menos saber la culpa que está expiando cuando la desgracia lo atrapa sin remedio.

El cacique voroga Mariano Rondeau se encuentra satisfecho, siente que por fin está encontrando su lugar en La Pampa, en el medanal de Masallé, junto a la laguna del mismo nombre. Allí está comenzando a edificar su imperio a imagen y semejanza de Leuvucó, pronto nada deberá envidiarle a Yanquetrúz, el altivo cacique de los ranqueles.

Rondeau, secundado por sus hermanos Melin y Alun, ha extendido sus dominios desde Carahué hasta la Sierra de la Ventana, su territorio se encuentra bien protegido por una sólida trama de colonias a cargo de caciques menores de su raza.

En criollo esto se llamará cacicazgo, en araucano, tantum. Su vanidad le indica que ha logrado penetrar la tortuosa mentalidad de los blancos, la cantidad de gobiernos que ha visto sucederse en Buenos Aires es prueba irrefutable de la inestabilidad que los domina, la tendencia permanente que tienen a violentar los acuerdos. Esa conducta le ha permitido entrar y salir de los pactos a los que se ha atado sin menoscabo de su palabra, pero haciendo siempre excelentes negocios.

Una prueba de su importancia la obtuvo hace dos años, cuando logró que el ejército regular fusilara al cacique huiliche Martín Toriano, quien tuvo la osadía de establecerse en lo que él consideraba su territorio, las vegas de Huanguelen.

Toriano cometió también la torpeza de pedir la protección de los mapuches en pleno dominio de los voroga, además de temerario era estúpido, sin duda, pagó el precio que debía. Pero ¿era simplemente idiotez lo del finado o acabó siendo el peón de un rey mucho más astuto que Rondeau?

Tal vez la confianza en sí mismo sea algo relacionado con los estados de ánimo en los que navega el hombre, quizás se juzgue a sí mismo de acuerdo con los humores que le recorren el cuerpo, más allá de la realidad o el peligro que lo circunda, acaso esa será la diferencia entre el audaz y el pusilánime. Pero lo cierto es que debió desconfiar Rondeau durante aquel oscuro día que marcó el fin de sus sueños, debió sospechar de esa comitiva de comerciantes mapuches que decían venir desde Chile, y que gastaron todas las ceremonias para halagar su vanidad, pidiéndole a cambio solo autorización para entrar en sus toldos a mercar las artesanías, ponchos, lanzas y enchapados de plata que traían de la tierra de sus ancestros. Debió desconfiar como desconfía el español del moro, el moro del judío y el judío de los dos. Pero, Rondeau, por el contrario, se tragó el anzuelo por las suyas, sin medir siquiera el valor de la carnada. De inmediato despachó mensajeros para atraer a sus hermanos y a todos los capitanes de su tantum, con el fin de agasajar a los viajeros con los fastos que exigía su dignidad.

Quizás lo entendió a destiempo cuándo, desde los médanos, se alzó un ejército de guerreros vengadores que pasó a degüello a la flor de sus aucas tomados por sorpresa, cuando los supuestos comerciantes se transformaron en fríos carniceros, cuando una atropellada de caballería se descargó desde el campamento de la caravana hacia su aduar haciendo inútil todo intento de reacción, cuando vio rodar a sus pies las cabezas de sus dos hermanos, cuando el filo le entró en la garganta para arrojarlo a la oscuridad.

Puede que en el último instante se cruzara la sombra de Toriano por su mente o simplemente se muriera en la ignorancia, sin saber por qué el destino le transformó la rastrillada en guadal. Tal vez, además de temerario, era estúpido y pagó el precio. Seguramente su espíritu contrariado e incrédulo sobrevolando la masacre pudo reconocer a su verdugo en ese gigante taciturno al que todos aclamaban por su nombre.

—Kurá, Kurá, Kurá.

Calfú-Kurá, hasta ese día, era solo un hábil hablador que recorría La Pampa desde hacía años en busca de negocios. Habitaba una franja de tierra fértil llamada Chiliue, más allá de las Salinas Grandes.

Nada puede edificarse en La Pampa con la pretensión de sentirlo propio sin el sustento de buenos padrinos. Así, todo poder fue siempre relativo, aún hoy lo es. Cuando alguien, como el cacique Rondeau, teje una telaraña, es fundamental asegurar los anclajes, de lo contrario se termina fatalmente superado por la presa, así de generosa es esta tierra. Y así de brutal.

Ese fue el principal error de cálculo de Rondeau. Y, por el contrario, fue el mayor mérito de Calfú-Kurá, quién demoró veinticinco años en tejer el hilo primordial que lo sustentaba y cuya extensión llegaba más allá de los Andes.

Dos hombres coinciden al descubrir el filón de una veta magnífica. Uno, obsesionado por conservarla solo para sí, la pierde; el otro, compartiéndola, logra el prodigio de que todos la exploten para él.

Rezumando sangre comenzó el reinado más grande y prolongado que conoció esta tierra. Los campos de la abundancia, el imperio del sol de mediodía, la quimérica patria de la absoluta libertad. Construido por un hombre que contaba entonces (corría el año 1834) ya más de sesenta años, quién además del bagaje acumulado en su vida, de la sabiduría de su raza, de su talento y capacidad de comprensión del entorno, con su tremendo poder de observación, se apropió de la astucia, la ambición y el método que a los hombres que debían enfrentarlo les costó veinte siglos acumular.

Así comenzó la dinastía de los Piedra. Que se extendería por más de cincuenta años. Los primeros cuarenta sin cambiar de mano.

El imperio del sol de mediodía

Capítulo 4
El embajador

La política

Menuda tarea le ha encargado su hermano, el jefe Calfú-Kurá, a Antonio Namún-Kurá, informarle nada menos que al antiguo gobernador de Buenos Aires y actual comandante de campaña, que, en un pase de magia ordenado por Dios, su hermano ha pasado a degüello a la mitad de sus aliados voroganos.

—Ese Rosas mucho toro. Ese Rosas es el toro de los blancos. Él es con quien habremos de entendernos, lo demás pura chusma.

Sin dudas, Reuque Kurá, el otro hermano del jefe la lleva más aliviada, solo debe informarle a Magín, "el envidioso", señor de la araucanía en Chile, que el gobierno de La Pampa ha cambiado de manos, que ahora los negocios habrán de florecer, que el corazón de su hermano siempre estará de aquel lado de los Andes.

Antonio Namún-Kurá (hermano de Calfú-Kurá, a cuyo hijo Manuel le pondrá el mismo nombre), conoce el camino a la estancia del Pino, ha estado allí hace casi diez años con un presente de cinco cautivos comprados a buen precio, pero con mucho esfuerzo, por su hermano a un cacique en desgracia. En aquel entonces solo buscaban congraciarse con el hombre más rico de la provincia, quien en poco tiempo sería gobernador. Aunque luego dejó el mando, esto desorientó a Piedra Azul, para quien no hay riqueza más grande que mandar. Encima ahora llegaba con las manos vacías, solo un concierto de frases confusas daba vueltas en su cabeza, sería mejor que lograra ordenarlas pronto, solo eso podrá regalarle al jefe blanco y era mejor que el obsequio le agradara. *Si no habremos de pasarla mal*, pensaba.

Rondeau no era un problema para Rosas, bien lo sabe Namún-Kurá, la espina que lleva clavada ese hombre tiene un nombre que él conoce desde antaño: Yanquetrúz.

Fue reconocido de inmediato y lo trataron de paisano, fue abrazado, entre sonrisas le tiraron suavemente de las mechas (vanidad del anfitrión para demostrarle que conocía sus costumbres), fue colmado de atenciones: comida, agua fresca, algún vicio moderado también. Pero inútil es todo eso a Namún-Kurá cuando debe semblantear el efecto de las palabras que la carta que ha entregado produce en el rostro de Juan Manuel de Rosas; no confía, como su hermano, que en un papel con garabatos se pueda transmitir un discurso, explicar un hecho en forma convincente, en suma, mentir. Más cuando se debe confiar la escritura a un blanco, pero él no habla cristiano. Y Rosas, dicen, no entiende su idioma, por eso se hizo traer un lenguaraz de su raza. Pero Calfú-Kurá juzgó el trámite de la misiva como muy importante, inútil fue explicarle que luego de la lectura el dueño de la situación será el otro y que solo de su actitud dependerá el resto de la entrevista. Al embajador no le gusta negociar así.

—Vea amigo, entiendo que este es un problema que debieron resolver entre ustedes. No diré que me agrada, tampoco que lo lamento. Rondeau era un aliado caro e inestable, pero al fin era un aliado. De todas formas, esto es algo que, tal vez, me exceda, como sabrá su hermano ya no gobierno la provincia, soy solo el comandante de campaña.

Namún-Kurá respiró aliviado al escuchar la traducción, pero se cuidó bien de no demostrarlo, su interlocutor le había tirado dos puntas por donde seguir, tomó primero la que mandaba la elegancia.

—Una de las virtudes que Piedra Azul encarece de mí es que en una situación confusa siempre sé reconocer quién manda. No olvide que siendo su hermano mayor el que obedece soy yo.

La vanidad no es el alcohol que emborracha a este cristiano, pensó el embajador evaluando la sonrisa que su frase provocó en el ánimo de Rosas. Una sonrisa amable, tal vez compinche, pero escondiendo la mirada, transformándola en una mueca vacía.

Es astuto, ha querido que me dé cuenta de que no está para engaños, evaluó al mismo tiempo el indio.

—Amigo, ahora que usted tiene otros problemas, quizás no lo sienta así, pero Rondeau a la larga le hubiera resultado otro Yanquetrúz, no olvide que los ranqueles han sido en sus comienzos vorogas, ranculches o ranqueles, es lo mismo que voroganos. El problema con esta gente será siempre su naturaleza guerrera, la paz para ellos es una contradicción, jamás apreciarán sus beneficios ni los del comercio pacífico.

Su corazón es ladino, le cobran a usted la paz, pero traen a los chilenos de su raza para robar y matar, luego viven de ese pillaje, aunque le dicen a usted que ellos no han sido, lo cual es y no es verdad. Este era el juego que le hacía Rondeau. Yanquetrúz, no, ese es ladrón por las suyas nomás. Nosotros también somos chilenos, pero somos labradores y comerciantes que hemos llegado huyendo del hambre y la guerra, somos guerreros nada más que por necesidad defensiva. Hemos llegado aquí para quedarnos, por eso merecemos más que los ranqueles el nombre de pampas. La necesitamos, por eso podemos garantizar la paz. —dijo con expresión serena—. Piense que no tendrá usted más problemas en sus empresas, mi hermano ya está en capacidad de suministrarle sin interrupciones toda la sal que necesite en sus saladeros. Con su apoyo podemos ser nosotros los que le cuiden la espalda de esos ladrones y asesinos trasandinos. En cumplimiento de pactos preexistentes.

Al poco tiempo de asumir Rosas nuevamente el gobierno, Calfú-Kurá pudo comprobar la eficiencia de su embajador. No solo obtuvo su aceptación en el espinoso tema de Rondeau; sino que, además, en persona se ocupó el restaurador de eliminar al resto de los vorogas, empezando por Cañuquir, que era quien más desvelaba a su nuevo aliado, pues Calfú-Kurá no se encontraba todavía en capacidad de enfrentarlo. Ignacio Cañuquir era el mismo cacique que apenas cuatro años antes, en 1833, junto con los paisanos de su misma raza (Mellín, Cayupán y el finado Rondeau), además de los tehuelches Catriel y Cachul, formó parte de las fuerzas expedicionarias de Rosas en su primera gran campaña al desierto y cuyo objetivo central eran sus aborrecidos ranqueles.

Seiscientos cincuenta hombres y su propia vida fue lo que le cobró a Cañuquir el "Restaurador de las leyes" en dos combates. Después tomó prisionero al cacique Carriagué, de la misma sangre, para utilizarlo de baqueano encadenado en persecución de su obsesión, Yanquetrúz.

Aprovechando la volteada, Piedra Azul se sacó de encima para siempre al cacique Alón, que tenía sus toldos cerca de Bahía Blanca.

Todo esto provocó la expedición punitiva de Railef, que vino desde Chile al mando de dos mil vorogas, decidido a cobrarse en sangre y especias las desgracias sufridas por su avanzada del este. Pero cometió dos torpezas: entró sin ser invitado en una fiesta ajena y después pretendió irse sin saludar, llevándose de paso un arreo de cien mil vacas sin pagar diezmo.

Piedra Azul se vio en la obligación de hacer su parte del pacto con Rosas, lo persiguió pacientemente en su largo regreso hacia los Andes, lo acostumbró a su amenaza constante, entorpecido por el inmenso botín, temeroso en tierras desconocidas. Railef trató en vano de forzar el combate, pero el mapuche lo desairaba fingiendo temor.

Recién le cayó encima apenas lo sintió confiado, cuando menos lo esperaba, una vez que se creyó a salvo, acaso cuando ya reía del payaso que lo desafiaba sin animarse a concretar la amenaza. Railef murió sin saber que lo derrotó un hombre con menos de un tercio de sus fuerzas. Calfú-Kurá lo mató junto a seiscientos de sus aucas, por descortés, por torpe, por vanidoso. Pero, sobre todo, porque su cabeza sellaba un pacto de caballeros. Esos pactos que la historia nos deparó como nación. entre quienes no piensan cumplirlos más allá de sus conveniencias. Entre quienes saben que se van a traicionar. Por quienes, evaluando ese hecho como inevitable, en el mismo abrazo con que los sellan, se entregan el perdón.

Capítulo 5
El muerto

El día de tu muerte sucederá que lo que tú posees en este mundo pasará a manos de otra persona. Pero lo que tú eres será tuyo para siempre.
(Henry Van Dyke)

Yo soy Ignacio Cañuquir, Cacique y Gran Toqui de estirpe voroga, natural de Chile, lugar donde vivieron mis antepasados y donde aún persiste mi gen en las vegas que se encuentran entre los ríos Imperial y Toltén. Lonco en jefe del ejército de La Pampa, del cual comando ochocientos guerreros propios de mi aduar y hasta dos mil que acaudillo en alianzas con estos paisanos: Carriagué, capitán de cuatrocientos guerreros, Huircan, jefe de cuatrocientos, el cacique Mellín, jefe de quinientos, y el lenguaraz Millalican, oficial del ejército chileno, al que obedecen doscientos hombres. Y en situación de emergencia también he comandado a mi paisano, el díscolo Venancio Cayupán, Sargento Mayor de Chile, a pesar de su malsana inclinación a pactar con Buenos Aires. También he mandado al esquivo e inasible Faustino Huenchuquir.

Yo, que he impuesto respeto al pretencioso Mariano Rondeau, al apestado huiliche Martín Toriano y a los serviles tehuelches Catriel y Cachul. Yo, que de tantas pompas y renombre nunca quise presumir. Yo, que para propios y extraños sólo he pretendido y logrado ser el Tata Cañuquir. Yo debo admitir, no sin vergüenza, que he sido muerto de arrogancia. Y para plenitud de mi oprobio, he sufrido tal castigo a manos de un hombre a quien nunca le otorgué el mérito de tal.

He muerto a manos de Juan Manuel de Rosas, escándalo de la dignidad, bochorno de la hombría, maestro en las artes de la manipulación, el cobarde más innoble y falto de masculinidad que he conocido. Ese vómito de la creación me ha suprimido, por eso mi espíritu contrariado no descansa y deambula rencoroso en los feraces jardines perdidos.

No he de encontrar alivio a esta vergüenza, he cometido el peor error en que puede caer alguien como yo, destinado a ejercer el mando de otros hombres: la subestimación de un enemigo. Por eso acepto mi culpa y mi castigo sin reclamos al eterno. Pero aguardo impaciente el día de gloria en que mi verdugo sea barrido de los campos que no merece para siempre; otros hombres, los blancos y no yo, deberán cargar por siempre con el menoscabo de haberle obedecido.

En la derrota me encuentro y en ella habrán de hallarme en los tiempos por venir. Y, sin embargo, con ser dura, triste y en la contrariedad con la que me toca en suerte afrontar esta condena, ella encierra una extraña y alta dignidad que no declino y que no acepto trocar en ventura. Si acaso, para lograrlo, debo conceder a la degradación que supone el convertirme en una alimaña del talante de quien me ha vencido. Esto pienso. En esta arrogancia persisto.

Yo era un extranjero según Rosas, lo sé bien, para él todos mis paisanos lo son. Es que tan sólo los tehuelches pueden arrogarse el apelativo de nativos: Pero dueños de la tierra, ¿quién o quiénes? ¿Rosas, acaso? ¿Los republicanos de ambos lados de la cordillera? ¿Los realistas? ¿Fernando VII? ¿Es la tierra algo que pertenece a alguien? Me pregunto, de acuerdo con las leyes de Dios, ¿no alcanza entonces a los animales el deseo de su aliento de vida para sostener un derecho? ¿Pretende Rosas que los hombres somos menos que animales o que hay hombres de distintas calidades? ¿Quién es el juez que decide quién tiene más méritos para poseer la tierra? ¿Respetará Rosas los derechos de los tehuelches sin que ellos le profesen tan vergonzante servilismo?

Nunca le concedí a Rosas autoridad sobre mí, ese fue nuestro conflicto, aun cuando a su mando marché en mi provecho, pero porque convenía a mis intereses hacerlo.

Yo seguí sus pasos, él pagaba los gastos de la expedición contra los ranqueles que obedecían a Yanquetrúz. Y sé bien que un blanco no sigue a un hombre de mi condición, menos aún si la plata la ponen sus paisanos. Pero también sé que ya nada quería de mí, que apenas me usó para mantener cautivos a los prisioneros que iba atrapando en su campaña del año 1833, por eso cuando me los requirió para castigarlos no se los envié.

Ambos sabíamos, aunque amigados por conveniencia, que nada sacaríamos uno del otro. Mas luego, con su bajeza repetida, con su cálculo de tísico, lo convirtió en una cuestión de patriotismo. Yo nunca hice cuestiones de bandera en mi tierra natal, en el sitio en que me hice carne, huesos, aliento y hombre. Ni yo ni mis mayores hemos reconocido nunca a nadie autoridad sobre nuestros destinos, en las riberas del Maule murieron los sueños del inca, en las riberas del Maule acabó el delirio del rey de España a pesar de la ferocidad y las pestes que trajeron sus capitanes. A esa tradición soy fiel, no a la bandera de Chile, al compromiso y la herencia de mis mayores, a su duro ejemplo. Libre, soy un hombre, vasallo, nada. Por eso me jacto de estar muerto, aunque mueva a risa mi destino.

Acepto que Rosas me ha vencido, me ha encontrado cuando me buscó, sabía que conmigo no habría vuelta atrás, por eso la pertinacia, por eso la crueldad, por eso no hubo perdón para mis hombres como lo hubo para los de Toriano, los de Mellín y los de Carriagué. Los míos me obedecían a mí y eran, según él, mal llevados, incorregibles y andaban torcido.

Con todo me avergüenza mi padecer, no ando haciendo alarde, no es así. No debí cometer el error que he cometido.

No se puede pontificar desde la derrota, pero tampoco puede hacerlo él, eso es lo que me rebela.

¿Qué clase de hombre toma a un semejante y le ata las manos a la espalda, le pone un bozal como si fuera un potro, lo lleva de tiro como un animal, como a una bestia lo hace beber y alimentarse? ¿Y como a un perro le hace seguir el rastro de Yanquetrúz?

¿Cuánto temor alberga el alma de un hombre así? ¿Cuánta miseria? ¿Cuánta cobardía? A un ser que alguna vez abrazó como a un aliado le hizo eso. Yo le doy la muerte a los traidores, no la humillación. El traidor se humilla al traicionar. Pero yo era un hombre, Rosas, no sé.

Hay que saber valorar, hay que elegir bien el punto de observación para condenar a un traidor, es verdad que me dio palabra de amistad y no puedo argumentar que la rechacé, pero también pretendió sumisión y a eso me negué. No quise ser el guardián de Rosas ante mis hermanos por limosnas. Yo no quise ser Catriel. Supe al instante que lo había desafiado a un extremo que no habría de soportar su arrogancia, por eso busqué la alianza con Yanquetrúz. Entonces fui un traidor, yo y todos los que me siguieron, por haber elegido entre él y Yanquetrúz. Visto desde donde yo lo veo, traidor hubiera sido eligiendo al revés.

Yanquetrúz era demasiado para él y lo sabía, para colmo de sus males, encima de eso, yo. Claro que le tendí una hermosa trampa en la Villa del Río Cuarto, haciéndolo creer con pretendidas cartas secretas, que se ocupó de hacer llegar a sus enemigos unitarios, que el Lonco preparaba una invasión en su contra. Estaba incómodo con nuestra unión, le temía, por eso lo impulsó a tomar Río Cuarto en venganza, calculó bien el carácter altanero del ranquel, sólo pretendía y obtuvo que fuera Yanquetrúz y no él quien violara el tratado de paz y amistad que habían firmado en 1831. Es que a causa de la caída de la araucanía chilena quedamos muy solos los vorogas de este lado de la cordillera. Nos restaban dos claras opciones: pactar con Rosas o aliarnos a Yanquetrúz.

Él pensó que al ver en desgracia a mi paisano yo lo habría de abandonar para correr a implorar su perdón como el desvergonzado Toriano, como el llorón de Cayupán. Ellos han muerto como Rondeau, sin siquiera conservar esta forma de dignidad que es el rencor. Apenas silencio y asombro son.

Pero no solo me mantuve fiel a mi elección, sino que le envié la carta que selló mi suerte: *Podemos ser amigos, pero usted nunca será mi superior, las tierras que pretende nos pertenecen, los hombres que persigue son mis hermanos. Deténgase ya, si lo que busca es la amistad que declama*, eso le mande decir.

Él cree, y esa creencia es un delirio, que Piedra Azul será más fácil de manejar, además más barato. Pobre gaucho ingenuo, pobre araña que teje en la víspera del granizo.

No sabe. No puede entender que en Chile nos matamos entre araucanos por pedazos insignificantes de territorio, peleándonos entre hermanos por un rincón de tierra para sembrar, para cazar lo que ya no había. Mientras que acá, vivimos mejor sin doblar la espalda, fatigando nuestros ojos en las distancias sin bajarnos jamás del caballo.

No caigo en claudicaciones de forma, no pretendo ser elegante como mis hermanos los ranqueles, para mí las vacas son vacas y no pregunto si son unitarias o federales cuando me las llevo. No averiguo qué caudillo manda cuando ataco un pueblo cristiano y exijo las haciendas de los opositores como hace Yanquetrúz. Sé que estoy robando y me asumo ladrón. No necesito disfraces, no soy Rosas, a mí nunca me dirán gobernador. Si esto no es así, ¿por qué el restaurador no logra vivir en paz ni siquiera con sus iguales?

No es cuestión de banderas ni de amos como él cree, es algo mucho más amplio que lo que un hombre como Rosas puede abarcar. Si fuera por elegir amo no lo elegiría a él, ni a ningún republicano. Para amo me quedo con el rey, que ya es rico, grande y sabe lo que es reinar. ¿Qué es un republicano? Un pobre resentido, ladrón, despiadado y mendaz.

Es mucho y poco a la vez lo que nos separa. Es que yo me considero el hombre que Rosas se negó a ver. ¿El fantasma de Rosas podrá aspirar a la venganza como yo?

Venancio Cayupán murió a manos de Magnín y Guelé por haberme entregado, Magnín y Guelé a manos de Rosas por haberme vengado. ¿Rosas a manos de quién morirá? ¿Es que no hay entre los deudos de sus sacrificados de color blanco alguien a la altura de su sangre?

Aún cuelga mi cabeza del árbol donde fue dejada para escarmiento de los díscolos, la miro triste a veces, como olvidado de mi muerte. La muerte suele ser un territorio muy propicio a la nostalgia. La vida era una costumbre muy agradable. Ahora espero, en vano, a un fantasma como yo deambulando por estos campos, pero seguramente me será negado tal deseo. No cabíamos ni cabremos juntos en el mismo sitio, por eso he muerto y a veces lo resiento. Tal vez en vida debí pensar en matarlo a Rosas. Pero el muerto soy yo y no me será dada la venganza.

Capítulo 6
El chuzazo (Millaray)

Es sonso el animal macho cuando el amor lo domina.

Había estado lloviendo como es costumbre en el valle del Llalma, durante todo el día anterior e incluso a la noche. Pero amaneció radiante, como suele ocurrir cuando el tiempo es bello en los Andes, entonces fuimos con mi abuela a la huerta; la tierra roturada exhalaba ese aroma que provoca la lluvia fuerte que después se amansa, el verano ya había comenzado, las pomas lucían gordas y lustrosas. La tierna hierba que persistía desde la primavera se encontraba vencida por el peso del agua, perfumando el aire de tal manera que ese olor quedó para siempre atado en mis sentidos con la felicidad.

Por el paso de la cordillera vimos venir un enorme arreo de vacas que cruzaban desde el este, eran los Piedra. Como todos los años habría fiesta en el pueblo con su llegada. Al pasar frente a nosotras, por el sendero que conduce a la aldea, una ternera se desprendió de la manada y se acercó hasta donde yo me encontraba, olfateó con timidez el tomate que sostenía en mis manos, después, con suma delicadeza, lo mordió. Era tan tibio su hocico, tan suave su pelo que no pude evitar acariciarla, el animalito fingió alarma, como si la ternura tuviera otro precio, pero finalmente se entregó confiado. Se nos acercó un jinete montado en un zaino irreal de tan bello, brilloso y altanero. Su dueño era joven, extremadamente delgado y cabalgaba erguido y sin estribar. Debía ser muy alto, bastante más que el común. Avanzó hacia nosotras sin prestar atención al animal, su mirada negra se ocupaba solamente de mí, aún hoy recuerdo su hermosa melena azulada movida por la brisa, su mirada también, sus ojos peligrosos que no dejaban de recorrerme íntegra.

Me sentí como una presa acechada por un tigre, su mirada me acariciaba con las garras enfundadas de gula. Era una sensación incómoda pero agradable a la vez, advertí el vértigo que produce un abismo sin poder contener el deseo de arrojarme en él.

Le pegó un topetazo con el pecho del caballo a la vaquilla que enseguida se enderezó hacia el arreo, luego se alejó al tranco cabalgando de espaldas, recién cuando lo observé perderse entre la manada caí en la cuenta de que mi abuela me sujetaba por los hombros.

—Mal lugar, mi niña, para encontrarse a solas con un hombre así.

—¿Por qué abuela?

—Tiene hambre, hambre de todo, es un hombre de guerra y está en una edad en que puede ser un dios o el demonio.

Mi padre siempre se ponía ansioso al llegar los arreos trasandinos, pero después, en medio de los festejos, lo iba ganando una tristeza pesada que se le notaba en los ojos y en la forma de andar arrastrando los pies, cuando la evidencia de nuestra pobreza lo superaba, al advertir que las vacas siempre serían ajenas. Poco teníamos para negociar, alguna manta que tejíamos con la abuela, los bollos de harina de piñón que yo horneaba y lo variado, pero escaso, de nuestra huerta. En otro tiempo mi padre fue platero, solía irnos bien, pero ya ni sus ojos ni sus manos le servían para eso, el oficio lo heredó mi hermano, pero se fue en un arreo hacia el este tras un sueño de riqueza y murió en las guerras de los Piedra.

—Dejó un oficio que muchos quisieran para irse de bandido.

Esto lamentaba rencorosa la abuela, pero yo no le hallaba explicación, hasta que un día me lo aclaró todo.

—¿De dónde crees, niña, que salen esos arreos inmensos de vacas, yeguas, plumas y cueros que acá se transforman en prendas de plata? ¿Acaso crees tú que los Piedra son pastores, criadores o plateros? Ladrones, eso es lo que son. Todo lo que ves y te deslumbra se lo roban al blanco, así murió tu hermano, en un malón.

Mi abuela, a quien no se le escapaba detalle, pues siempre está atenta a todo, se dio cuenta de que el jinete que nos encontró en la huerta rondaba nuestra casa, respetuoso, pero tratando de ser notado, hasta que se apareció con una vaquillona gorda de tiro que terminó entregándole a ella en sus propias manos.

—Es un regalo, por el susto de la otra mañana —le dijo.

Pero al día siguiente, cuando notó que en lugar de matarla la consentíamos, pidió permiso a mi chao para traer un ternero recién sacrificado. El pobre hombre últimamente vivía superado por los acontecimientos y apenas pudo dar su asentimiento, pero sin entender el motivo de tanta obsequiosidad. Cuando el guerrero regresó con el nuevo presente, mi abuela tomó el poncho más logrado y se lo entregó a su hijo, mi padre, para que se lo diera. El muchacho lo recibió con alegría, avisando que más luego vendría a parlamentar.

—Voroga —exclamó mi padre—. Es extraño que ande con los Piedra, un raro prodigio que trae el viento del este será esta unión singular. Los llalmaché y los vorogas se odian desde antaño.

El jinete volvió cuando ya declinaba la tarde con el poncho de la abuela y algunas sencillas prendas de plata, se me antojó que eso era cuanto tenía para enjoyarse. Lo acompañaban dos hombres silenciosos mayores que él. Uno de ellos no habló nunca y después supimos que era Álvaro Reumay-Kurá, uno de los hijos de Piedra Azul.

La abuela Amuillang me abrazó con un entusiasmo que no logró disimular la angustia enorme que la consumía. Sus palabras pretendían ser de aliento y de alegría, pero sus brazos me estrujaban contra su pecho alterado, acaso intuía la proximidad de un final esperado y temido a la vez. Recuerdo la tibieza de su rostro contra el mío cuando susurraba las palabras en mi oído con ternura, como queriendo volcar todo el calor de su espíritu en mi alma, hasta vaciarse.

—Vienen por ti, niña —me dijo, segura de no cometer el más mínimo error.

Yo, confundida, no atinaba a otra cosa que tratar de entender su pena.

—Dime, mi niña, que al menos el muchacho te agrada, regálame el alivio de verte partir feliz.

—¿Partir feliz? ¿Muchacho?

—El guerrero, niña, el guerrero ha venido por ti.

Entonces yo era muy joven, a pesar del amor recibido de ese ser que sangraba ante mí, tuve la impiedad inocente que domina esos años, mi incredulidad cedió al entusiasmo, mi interés se centró en la figura de mi pretendiente, en sus gestos. Mi imaginación fue un vendaval de emociones que desestimó la felicidad irrepetible que habría de abandonar.

Hubo un instante de duda entre los visitantes, nadie atinaba a tomar la voz cantante. Después, ya sea por desconfianza o ferocidad y contrariando las costumbres, comenzó a hablar el propio interesado. Después supe que su amor propio le había impedido decir a sus acompañantes el motivo del parlamento, de modo que ninguno de ellos podía iniciar las razones que los traían. Alguien, sin embargo, debería encarecer sus virtudes, por eso a mi abuela le pareció una grosería que él mismo arrancara el monólogo inicial.

—Soy Voroga —afirmó con orgullo cuando encontró el ánimo para empezar.

—Cacique Voroga —aclaró con rencor—. Doscientos aucas me siguen. Ese es mi poder.

Detrás de cada frase hacía silencio.

—Me llamo Juan Ignacio Cayupán Pichi Gner y quiero tomar a su hija en matrimonio.

Fue torpe ir tan de repente al meollo de la visita, lo advertimos por la mueca de desprecio del hombre que no hablaba. Entonces mi padre aturdido hizo adelantar a mis hermanas mayores. La confusión pasó entonces a ser del Voroga. Yo me encontraba en el telar con la abuela.

—Esa —dijo, sin dejar de señalarme con un rebenque sin repujes.

—Millaray es muy niña —atinó a responder mi padre, a quien no le agradaba para nada ser suegro de un voroga, pero menos que les dejaran a mis hermanas de clavo.

—Esa —volvió a señalarme mi pretendiente.

—Hasta el plumón le has ensartado la chuza, niña —comentó mi abuela, descuidada de que el extraño la escuchara.

Él la miró socarrón, acaso pesó que negociando con ella todo sería más fácil. No obstante, siguió firme y erguido mirando a mi padre por encima de sus pómulos filosos, era evidente que la situación lo incomodaba, además, su discurso era pobrísimo.

—Ella sabe hilar, teñir, tejer, cocinar y sembrar —argumentó mi padre, más por dolor de lo que perdería que con afán de especular.

—Será buena madre.

—Pero es muy niña. No está lista aún para el matrimonio.

—No tengo esposa. No he tomado cautivas. No tengo hijos.

Ese fue el golpe letal del voroga, lo dijo recalcando cada palabra y observando el efecto que hacían en mi abuela y en mi madre. La primera no pudo evitar dar un respingo de alegría.

—Serás reina, mi niña —me susurró al oído.

No era un detalle sin importancia, tendría cuantas esposas quisiera o pudiera con el tiempo, pero yo sería siempre la dueña de su ruca.

—¿Cuánto?

Todos nos quedamos petrificados, eso ya pasaba de pobreza en el lenguaje a ser descortesía.

—Veinte vacas, cinco yeguas y un padrillo —le largó mi abuela desde lejos, exagerando la ofensa, o porque pensó que el quedado de mi padre jamás pediría tanto. El voroga la miró achicando los ojos y luego a mi padre que no atinaba a nada, buscando la confirmación.

—Cuarenta y las yeguas.

—Serás siempre pobre, hija, altanero es. Y mal negociante.

Mi padre, abrumado por la decisión del Voroga, la evidente avaricia de las mujeres y el contento definitivo de su madre, que, en definitiva, era lo único que contaba, no tuvo más remedio que ceder. Poco importaba ya mi felicidad o desdicha, mi familia dejaría por fin de ser pobre.

Se hizo todo de acuerdo con las costumbres: la simulación de mi robo, el enojo de mi padre y el pago de los animales en desagravio. Desde entonces fui la mujer de Cayupán. Crucé los Andes acurrucada en sus brazos, tapada con el poncho que tejió mi abuela, alimentándome del calor de su cuerpo, escuchando en mi oído el sonido poderoso de su corazón. Sólo de tanto en tanto me asustaba del hielo y el frío, cuando me abismaba en sus ojos de animal de presa que no descansan, que nunca paraban de calcular.

Aquí estoy ahora en estos pagos nuevos, ante otras amenazas, otros miedos, la tierra no tiembla en estos campos largos, los inviernos pasan sin nevazones, pero a veces suele atacarnos el fuego, los temporales meten miedo, el agua es poca y peligrosa, para poder beberla hay que saber apreciar si tiene veneno o no. El cielo es un manto infinito, azul, gris o negro, nuestras pequeñas almas danzan al son de sus caprichos. La Pampa es el reino de la soledad y el silencio, dudan los pies, se achican los deseos, las urgencias se calman ante la desmesura de las distancias. La gente se torna silenciosa, incapaz de hablar sin ironía, cada frase es un latigazo o una sentencia.

Los hombres desprecian a los dioses, aunque se empeñen en negarlo, el caballo aquí es la medida de todo, con uno palpitando entre sus piernas se sienten invencibles y eternos. Como el viento implacable se les desata el instinto, son despiadados y altaneros.

Nada es valorado, siempre habrá más, más de todo, sólo los caballos tienen un valor incuestionable. Y por eso Cayupán no entregó un padrillo a mi padre, los animales machos son para la guerra y la carne de las yeguas se come; solo ellos y los hijos varones cuando son capaces de alzar una chuza. Todo lo demás es relativo, también las vidas, aunque no se diga. Sólo el silencio encierra la verdad, todas las palabras son mentira.

Suelo largarme sola a la llanura inmensa que me espanta o atrae como lo hicieron antes los ojos de mi esposo, a Cayupán no le molesta, sabe bien que su amistad es mi único refugio en esta soledad. A veces me gusta verme insignificante en medio de la nada, a mí alrededor todo es ausencia.

Hoy he visto un punto que se movía tenuemente sobre la línea del horizonte, sentí temor por un momento, pero fatalmente terminamos atrayéndonos, acaso en contra de nuestra voluntad, porque toda vida es insoslayable en la Pampa, más aún la de un semejante. Era una cristiana que venía del oeste huyendo a caballo, lo advertí en el alivio que sintió al notar que yo era una hembra, se quedó inmóvil mirándome angustiada, supe que estaba perdida, le señalé el este con mi mano y dije la palabra mágica.

—Cristiano.

Entendió, las dos entendimos. ¿Quién podría entenderla mejor? Tal vez pudiera lograrlo, para mí era tan sólo un sueño imposible, Cayupán lo sabía mejor que yo y me dejaba andar suelta como una yegua con el potrillo amarrado.

El imperio del sol de mediodía

Capítulo 7
Los zorros

Ustedes nunca valoran lo que un hombre es y puede ser.
(Cacique Pichún a sus guerreros)

Cuando el joven voroga Carú Agé cruzó por primera vez la cordillera rumbo al este, en busca de fortuna y de ponerse a salvo del avance incontenible de los españoles sobre la araucanía chilena, corría el año 1650 de los cristianos, y al llegar supo que vería colmados sus deseos. Por momentos creyó estar deambulando en uno de sus delirios nocturnos, en donde la naturaleza exuberante de los paisajes lo llevaba incluso al desahogo genital.

Cuando hubo agotado la capacidad de asombro que las distancias y la abundancia de ganado, vacas y caballos le inducían, por ejemplo, andar quince veces las jornadas que en su tierra natal mediaban entre las montañas y el mar, para encontrarse con un río cuya ribera opuesta era el horizonte, comenzaron a acometerlo varias certezas: la primera, que ya nunca desandaría el camino de regreso; la segunda, que debía buscar urgentemente un lugar seguro para él y sus hombres; la tercera, que todo refugio se convierte en un sitio inhóspito sin mujeres; la cuarta era más desagradable, acá, como en su tierra natal, también había blancos.

Decidido el primer punto, la solución al segundo la encontró en un paraje con una laguna a la que llamó Leuvucó; contiguo a la misma había un bosque de caldenes que brindaba reparo a los vientos, por la parte opuesta un pequeño monte en forma de cuchilla permitía dominar una vasta extensión circundante, nada de esto era de por sí notable, lo realmente extraordinario era que para llegar a este lugar había que cubrir una larga travesía desde los cuatro puntos cardinales.

En una astuta e incruenta maniobra logró robar cincuenta doncellas tehuelches, emulando, sin saberlo, el *rapto de las sabinas*, ya que cuando los ofendidos vengadores lograron por fin encontrarlo, las antiguas mozas eran ya esposas o madres, además de ser las menos interesadas en volver a su tribu de origen. Mediante un acuerdo de caballeros, se comprometió a pagar lo que tan malamente había arrebatado. La única disidencia grave que persistió fue la costumbre voroga de comer pescado, alimento que los tehuelches consideraban prohibido por temor a devorar a sus ancestros convertidos por los dioses en peces a raíz de la violación de mandatos sexuales. Así dio comienzo a una raza cuyo nombre estremecería la Pampa durante un largo siglo: Ranquel. Para dominarla, el blanco debió apelar a un recurso límite, el exterminio. Y esa raza dio su primera gema, el lonco Yanquetrúz. Una gema que soportó el primer cincel brutal del hombre blanco, Rosas.

Yanquetrúz fue el primer gran Toqui de los ranqueles. Cacique es el jefe de cuatro o cinco líneas familiares emparentadas entre sí, llamadas tribus por los blancos, con un territorio propio determinado por la capacidad militar. Toqui o Lonco es el líder de una nación, aunque también cacique de su propia gente, a su guía responden todos los caciques menores de su misma sangre o clientes de su tantum.

Un nefasto día del año 1783, durante un choque con indios ranqueles muere un blanco, su nombre nada dice a sus verdugos, Clemente López Osornio. Pero del otro lado muy distinto es el asunto, es el abuelo materno de Juan Manuel de Rosas. No es esa la única desgracia ocurrida a la familia Ortiz de Rosas con los indígenas, el padre del restaurador, León, vive años prisionero de los tehuelches. Pero regresa con su familia a salvo y con un bagaje sobre las costumbres y la lengua de sus secuestradores que será atesorado para siempre por su hijo.

Estos dos incidentes marcaron la conducta de Rosas hacia los nativos de por vida. Son innumerables las alianzas, negocios, tratados y expediciones que emprende durante su gobierno en sociedad con los caciques tehuelches; pero solo persecución, hostigamiento y guerra obtuvieron de él los ranqueles. Sólo un deseo y un presente le reservó Rosas a Yanquetrúz: la muerte.

El reinado del lonco duró veinte años (1818-1838), durante el mismo conoció la ventura, el fracaso, la gloria de la victoria, la amargura de la derrota y el dolor infinito de ver morir a cuatro de sus cinco hijos varones destinados a sucederlo. Sufrió la persecución más tenaz emprendida por Rosas, que fatigó, detrás de su huella, la Pampa del derecho y del revés en más de una ocasión, nunca pudo prenderlo. Pero poco le faltó para poner a su tribu al borde de la desaparición.

Sobre el final de su vida, Yanquetrúz, tuvo su rapto de inspiración, relevó al hijo vivo que le correspondía la sucesión, Pichún Guala, de los avatares del mando. Para sucederlo eligió al primogénito de su compañero y hermano adoptivo Guayqui Guor, un capitán admirable llamado Painé Guor. Con esa decisión aseguró a su nación una conducción firme, reservando para su lastimada sangre el honor de ser la última de los ranqueles en resistir al blanco. Ya que un nieto suyo, hijo de Pichún en cristiana y llamado Baigorrita, fue el último cacique de su raza en armas y murió combatiendo, murió ranquel.

Picún, primogénito de Yanquetrúz, muere el 16 de marzo de 1833 en el combate de Las Acollaradas con las fuerzas nacionales de la División Centro, al mando de Ruiz Huidobro, comandante de Rosas.

En ese momento no era sólo el hijo del jefe, era cacique de su propio aduar, lugarteniente militar de su padre y seguro heredero del trono.

Otro hijo, Picüin, es herido de gravedad en 1838 en el ataque al fuerte Federación y muere en brazos de su comandante, el cacique blanco Manuel Baigorria, refugiado de su padre. Por último, Pichuiñ Guala, muere en 1845 en una escaramuza menor con fuerzas federales. Todos estos acontecimientos inclinaron las simpatías del sucesor de Yanquetrúz; Painé Guor, hacia el bando unitario.

Pero las decisiones del antiguo jefe con respecto a su heredero produjeron el descontento o los celos del traidor Yanquelen, que secuestró al segundo hijo de Painé, Paguitrúz Guor (Mariano Rosas), para entregar el niño al peor enemigo de los ranqueles, Juan Manuel de Rosas. En un principio, el restaurador le propuso un canje por el coronel unitario Manuel Baigorria, para fusilarlo, pero la traición no entraba en los códigos de Painé, amén que el coronel era compadre y casi hermano de Pichún, hijo mestizo de Yanquetrúz, por lo cual entregarlo era arriesgarse a un cisma entre ranqueles. Ante esto, Rosas tomó al chico como ahijado y se dedicó a instruirlo en las artes del campo.

Así de condicionado comenzó el reinado de Painé. Esto lo obligó a entendimientos con los federales, a la prudencia, a sujetar los dos ríos tormentosos de su sangre, voroga y tehuelche, a confiar en los métodos de subsistencia que ambos ancestros practicaban antes del caballo: sembradores, recolectores los primeros; cazadores, recolectores los segundos. Pero luego de cinco largos años de cautiverio vio regresar, convertido en Mariano Rosas, al hijo amado, el que un día sería Lonco. Entonces volvió a la vida, a la llanura, al caballo, a formar parte de la secta del valor. Y fue la bendición, el castigo, la lealtad, el azote, las agallas de enfrentarse al gran señor de los hombres, el invencible Calfú-Kurá. Tuvo, tuvieron ambos la sabiduría de ceder. Ejerció el atrevimiento de morir de pronto, libre, entero, indómito, al fin fue Painé.

Le dio su nombre para siempre a la dinastía ranquelina: Guor. Lo sucedió en el mando su primogénito, Calviau Guor, hijo de madre Tehuelche pura. Esto, que era un mérito de su linaje, resultó en el heredero un exceso que hubo de demostrar no bien fue ungido y en las propias exequias de su padre.

Tehuelche es el nombre que dieron los araucanos a los primitivos habitantes de la Pampa, originariamente la voz era Cheuel (bravo), Che (gente): Gente brava. En referencia a los Guenaken, tehuelches septentrionales (pampeanos); Penken, tehuelches meridionales, (patagónicos) y Aoniken (tehuelches del extremo sur). Entonces, Calviau, asumiéndose tehuelche, decidió en la procesión del cortejo fúnebre de su padre sacrificar ocho mujeres cada media legua por el método del mazo; elegidas a su capricho entre las madres, hermanas e hijas de sus guerreros, en lugar de las de su propia familia como era costumbre, hasta hacer un total de veinticuatro.

Mucho no podía durar un Toqui así, murió en una celada que le tendió el rencor vengativo de sus hombres.

Llegó el turno de Paguitrúz Guor y de las desinteligencias con el refugiado coronel Baigorria por la decisión de este último de volverse en contra de Rosas, su padrino, en la batalla de Caseros, y de su dualidad de ponerse al servicio de los blancos apoyado en el poder que le daban los ranqueles.

El coronel Baigorria era ya cacique por derecho propio, pero toda acción que implicara la participación de su gente debía ser consultada con el Toqui. Y el militar estaba tomando la peligrosa costumbre de actuar por las suyas contrariando a Paguitrúz, aunque los dos, el cacique y el coronel, supieron cambiar de bando, nunca coincidían del mismo lado. También del acercamiento definitivo a Calfú-Kurá, durante el reinado de Mariano Rosas, por su íntima convicción, las decisiones de Leuvucó y Salinas Grandes marcharon siempre en sintonía.

Cuando se dieron sus encontronazos con Painé, los hijos de Piedra Azul le interrogaron por el motivo de su pasividad ante los desafíos del Ranquel.

—Podemos, Painé y yo, resolver nuestras diferencias en una guerra, pero a un precio muy alto, él lo sabe y yo lo sé. Es mejor soportar a un hermano altanero hoy que necesitar un aliado mañana y no tenerlo sólo por vanidad, los dos conocemos bien el límite que no debemos cruzar. Un día sus hijos y los míos marcharán juntos contra el blanco. Si esa circunstancia no se da, será porque alguna de nuestras estirpes habrá dejado de existir.

No fue un reinado de glorias militares el de Paguitrúz Guor, pero fue digno, previsible, consistente, reflexivo, y apoyado en la sabiduría de los ancianos que fueron nuevamente consultados.

La figura del Cacique adquiere predominio en la conducción de las tribus durante el complejo ecuestre, al modo del dictador romano, por la necesidad de un mando unificado y ágil en situaciones de guerra. Mariano, en ese sentido, fue republicano, el peso de las decisiones volvió en apariencia al senado, es decir, a los ancianos.

Tampoco fue un capitán brillante, su figura fue más bien la de un conductor, tal vez el temor de ser nuevamente capturado hizo que nunca saliera de Leuvucó. El brazo ejecutor de su política militar fue su medio hermano menor Epugner o Epuguor. En épocas de paz Paguitrúz hubiera sido un gobernante extraordinario, pero eran tiempos de furia, con todo, no desentonó.

La premonición de Calfú-Kurá se cumplió en San Carlos durante 1872, la reserva del emperador en la batalla fueron las fuerzas ranquelinas al mando de Epugner.

En el año 1873 muere, por causas naturales, Mariano Rosas. Le sucede Epugner en el mando de los ranqueles, se ignoran los motivos por los que decidió la transmisión del mando a su hermano, ya que tenía hijos varones, uno de ellos, Lincoln, estaba en capacidad y edad de sucederlo. Había entre ellos dos un hermano muerto hacía poco tiempo, Huenchú Guor. Quizás Paguitrúz consideró que la calidad guerrera de Dos Zorros se ajustaba más a los tiempos por venir, tal vez fue en pago a sus servicios militares o simplemente la preservación de su progenie dado el carácter imprevisible de Epugner.

A este le cupo el triste honor de ser el último gran Toqui de la confederación Ranquel, aliado incondicional de Namún-Kurá, ató su destino y el de su gente a la pericia guerrera del hijo de Piedra Azul, no fue una decisión acertada. Pero tampoco había opción, el final ya estaba escrito de antemano.

Epugner cayó prisionero junto a ochocientos de sus hombres, durante los meses furiosos del año 1878, fueron enviados a Martín García, isla del río de la Plata llamada erróneamente la cárcel de los presidentes, cuando su nombre debería ser "cementerio de los hijos de La Pampa". Allí murieron todos diezmados por el tifus, la viruela y la disentería.

Baigorrita, heredero del mando de la tribu a través de la sangre de su padre, el cacique mestizo Pichún Guala, y por lo tanto nieto de Yanquetrúz, trató de huir hacia las tierras de Feliciano Purrán y Sayhueque, pero el 16 de mayo de 1879 es muerto en Los Ramblones, provincia de Neuquén. El día anterior doscientos treinta de sus hombres habían sido hechos prisioneros. Y desde entonces ya no quedaron en estas tierras ranqueles con fuerza para luchar.

El imperio del sol de mediodía

Capítulo 8
La herencia envenenada

¿Qué ves cuando me ves? Divididos.

El jefe Yanquetrúz, agonizante, cita el consejo de la nación ranquel junto a su lecho y ante ellos nombra sucesor a Painé Guor. Después pide hablar a solas con el futuro jefe.

—Solo una orden más habrás de obedecer antes de verme morir. No me interrumpas. Has sido mi mejor capitán, el más valiente guerrero también. Eso no te hará un buen rey. No te ilusiones. Mi amado hijo, Pichún Guala, puede ser y hacer mejor trabajo que tú, pero tiene sangre cristiana y no vive en Leuvucó, esos serían dos argumentos feroces en tus manos —dijo el anciano—. Sé que tu arrogancia no te deja ver lo injusto que soy con Pichuiñ Guala, el otro hijo que aún puede sucederme. Pero sé que lo matarías sin contemplaciones a mi muerte y no te lo reprocho, solo el mejor debe vencer y tú eres el más fuerte. Tu única obligación será mantenerlo con vida a pesar de los disgustos que te cause su frustración. Tal vez estés empezando a sospechar que no te aprecio, es verdad. Pero te he conservado siempre a salvo del odio infinito que te guardo, te he consentido el mando, la arrogancia, los excesos, la vanidad y también tus punzantes comentarios sobre mis capacidades disminuidas por la vejez. También de la insultante certeza de comportarte como mi heredero antes de que llegara tu tiempo —continuó con los ojos en furia—. Ese será tu deber sagrado con Pichuiñ, mantenerlo vivo a pesar del rencor que te provoque su presencia. A Pichún no te lo encargo, nunca podrías con él, aunque quisieras imponerte por la fuerza. Solo el intento de someterlo acabaría con tu reinado. Hay muchas formas de traición y tú ejerciste la más vil, nunca hubieras sido jefe si no hubiera muerto Picún, mi hijo mayor. Bien lo sabías desde siempre. Sé que tú no lo mataste, pero sabes bien que lo empujaste sin piedad con tu sombra maligna, persiguiendo sus actos. Yo lo amaba, pero él te admiraba a ti, te sentía su hermano, si yo te hubiera suprimido como merecías me hubiera odiado. Tú eras más fuerte, él tenía más voluntad. Tú eras más ágil, él se esforzaba más. Tú eras más certero, él practicaba hasta agotarse. Tú eras valiente y él se volvía temerario. Algo no supiste ver, estabas vulnerando el carácter de un gran jefe, ahora los ranqueles deberán conformarse con tan poco como tú —tomó una bocanada de aire antes de continuar—. Lo obligaste a tensar su voluntad hasta romperla por alcanzarte, desechar la prudencia y el cálculo que le eran naturales por sus condiciones, para igualarte en valor. Hasta que lograste tu cometido, lo viste sucumbir con deleite y asombro, porque él también te exigió. ¿Pero qué tenías que perder tú, animal instintivo y afortunado, que no fuera la ambición desmedida y rencor? Lo que en ti era innato, en él todo sacrificio. ¿Cuál es tu mérito? No caeré en el error de culparte de la muerte de mis otros hijos tratando de alcanzarte, de merecer el trono que tu sombra les cubría. Pero sabes que es así. Solo dos virtudes te alumbran a mis ojos, el cinismo y la necedad. Por ellas privaste a los ranqueles del mejor jefe posible. Ellos, tan equivocados, te aplaudían y aclamaban. Puede que por eso te merezcan.

El imperio del sol de mediodía

Capítulo 9
El soñador

Qué lástima que yo no tenga una patria.
(León Felipe)

Solía soñar mucho en aquellos años. Ya no, ahora solo trato de entender. Pero entonces sí lo hacía, en los dulces días en que todo era posible yo soñaba. Hoy creo que eran los primeros atisbos que pugnaban por emerger, de la parte sometida de los dos ríos que forman el cauce de mi sangre. La parte contrariada de mi sangre ejercía su mansa rebelión cuando mi voluntad se abandonaba en el descanso, liberada, por fin, de la constante vigilancia de un carcelero.

Yo, Pichún Guala, hijo de Yanquetrúz y de la cristiana Rita Castro, cautiva puntana; he vivido como un ranquel y he pretendido dormir como un blanco. Las vigilias le han pertenecido a mi padre, el rey. Las noches, por el contrario, son de ella, solo de ella, que fue capaz de dar a mi vida una luz más clara, más pura, más intensa, pero también la tortura de mirar todo cuanto me era negado desde afuera.

¡Qué lástima que yo no tenga comarca, patria chica, tierra provinciana!

Yo soñaba en las noches que era estanciero y que muchas leguas de campo eran mías, solo mías, y en ellas medraban vacas incontables, de juntarlas podía caminar sobre sus lomos sin trastabillar, entonces venía la indiada a querer robármelas, la indiada ladrona y haragana me las quería robar. En sueños supe lo que es la avaricia.

¡Qué lástima que yo no tenga una casa! Una casa solariega y blasonada, una casa en que guardara a más de otras cosas raras un sillón viejo de cuero, una mesa apolillada y el retrato de un abuelo que ganara una batalla.

En sueños llegué a odiar a mis paisanos tanto como en la vigilia los comprendía, son cobardes, me decía a mí mismo, el número los hace audaces, la vanidad del macho los vuelve temerarios, pero siempre que sean muchos. *La conducta de la jauría*; decía mi madre. Y en sueños yo pensaba: se dan de valientes, pero solos, de a uno y sin testigos, otro gallo cantaría. Sin embargo, en sueños era yo quien estaba a merced de ellos, indefenso, duele la impotencia de la soledad.

¡Qué lástima que yo no tenga un abuelo que ganara una

batalla, retratado con una mano cruzada en el pecho y la otra en el puño de la espada! ¡Qué lástima que yo no tenga siquiera una espada!

No, nunca llegué en sueños a derramar la sangre de mis paisanos por defender esa vida que no poseía. Despertaba incrédulo de mi furia contenida ¿Cómo pueden los blancos ser jaurías de un solo perro? ¿Cómo lo logran, si en la vigilia se ve al hombre tan pequeño, tan frágil y tan poco? ¿Cómo puede el blanco soñar despierto? Vivir su sueño con tal intensidad, cueste lo que cueste y caiga quien caiga. ¿Cómo puede?

Porque… ¿Qué voy a cantar si no tengo ni una patria, ni una tierra provinciana, ni una casa solariega y blasonada, ni el retrato de un abuelo que ganara una batalla, ni un sillón viejo de cuero, ni una mesa, ni una espada?

Ese era el tormento en que vivía, no se puede ser dos hombres a la vez; no se puede hacer dos patrias a la vez y no se puede hacer una patria sin compartirla.

Yo, Pichún, me he dejado llamar general por mi compadre, el coronel Manuel Baigorria, padrino de mi hijo Manuel Baigorria Guala (Baigorrita).

—Hermano y general —me dice para halagar mi vanidad, yo lo dejo y me dejo llamar por él y por quienes me quieran así nombrar, otra cosa es la realidad.

Soy solo, como todos. Como todos, nada soy. Quiero ser mucho y muchos, como todos. Pero algo sé que no soy: ni hermano, ni general, de eso estoy seguro.

¡Qué voy a cantar si soy un paria que apenas tiene una capa!

Es extraña la vida en sus caprichos. Yanquetrúz nunca

pensó en mí como su sucesor, sin embargo, de todos sus hijos vivos, el único con dignidad de cacique soy yo, en quien nunca pensó como otra cosa que un hijo. No fue injusto mi padre, su sucesor era mi difunto hermano Picún.

Muerto Picún, no había sucesor, no debía haberlo. Fue su homenaje a ese hijo, su forma de devoción, tal vez un hombre solo tiene un único hijo, el de mi padre fue Picún. Yo era su hijo; pero en cristiana y no cualquiera. No era tonto Yanquetrúz, no era otra cristiana más, ésta guardó los recuerdos de otra vida en su sangre, dejó el cuerpo y se marchó. Esa sangre, esos sueños, soy yo.

—No soy blanco, a regañadientes fui ranquel. Tal vez haya querido ser blanco. Sin embargo, he tratado hasta el cansancio de entender y no puedo, no puedo o no me está permitido, quizás ellos lo saben; sospechan mi pretensión y no me dejan entender. Tal vez se burlen a mis espaldas de mi torpe ingenuidad.

—No, hermano, nada nos diferencia, todos somos hijos de Dios —me dicen.

Pero no me consideran así, tengo orgullo y no pregunto, solo comparo y pienso. Somos iguales dicen, pero no es así. La realidad de sus conductas dice que no es así. No quieren develarme el misterio, la secreta fórmula del gualichú para ser blanco. Tal vez sea una nimiedad lo que falte, un simple detalle, una intrincada pero única palabra que me habilite; pero la ocultan y la callan.

¿Qué oscuros laberintos nos separan? ¿Qué deuda entre nosotros no es posible saldar? ¿Qué barreras invisibles nos llevan por caminos paralelos sin encontrarse? No lo sé. No me lo dicen. El orgullo me impide preguntar.

Mi gente no entiende mis dudas, no es solo por mí que deseo conocer la alquimia de la mutación, ellos no ven o no quieren ver lo que yo veo y persisten en sus hábitos, contrariados conmigo. Dudo entonces; piensan que soy demasiado blanco para ser ranquel. Pero no es solo por mí que lo deseo, tal vez los blancos lo presienten y por eso custodian el secreto con tanta eficacia; con esa negligencia que a la vez ilusiona y frustra mi ansiedad.

Hay una época del año, en el fin de la veranada, cuando los potrillos ya no maman, en que los gauchos caen a mis toldos, algo en su sangre los trae, un llamado que no entienden, algo que yo tengo muy claro y ellos se niegan a aceptar, es el tiempo en que comemos carne de yegua. Ellos por su cuenta se ofrecen a degollar, cuerear y carnear los animales, en ese momento, si no es por las ropas, no se distinguen los visitantes de mis paisanos. Así yo, con esa misma fuerza y obediencia oscura, en un mes del año; busco un poncho de color liso, ensillo con bastos y encimera, me calzo las botas con taco que me ha regalado el coronel y les pongo nazarenas. Uso pañuelo y sombrero en lugar de vincha y me largo con un pingo de tiro hacia La Punta. Al llegar, me detengo en un patio en silencio, sin golpear la puerta y sin hacer ningún sonido, nada que la alerte, hasta que, adentro de las casas, ella siente que afuera alguien con su sangre la acecha y espera por ella. Entonces abre la puerta y me reconoce, debo soportar que baje la vista un momento, porque sé que le recuerdo un tiempo que detesta, pero luego la mujer abre los brazos y pronuncia la palabra que he venido a escuchar:

—Hijo mío —dice Rita Castro.

—Hijo mío, has venido —repite Rita Castro, mi madre.

Ella camina hacia mí con los brazos abiertos y la cubro con el poncho contra mi pecho. La beso y me besa, es tan pequeña y está tan envejecida. Y me emborracho de su aroma remoto, me parece sentir el olor de la leche de sus pechos. Me hace entrar al rancho y me da una silla, después me ofrece agua, fruta y pan casero, luego ensilla el amargo.

Yo como ese pan, que ella amasa y hornea, como un cristiano toma la hostia. No podemos salir del silencio, pero nuestros ojos no se cansan de reconocernos mutuamente.

Cuando parto, ella me da dos paquetes. En uno hay dulces, orejones e higos secos, pasas de uvas y de ciruelas, nueces y manzanas.

—Para mis nietos —dice Rita Castro, la abuela de mis hijos.

En el otro paquete hay un vestido y calzones de cristiana.

—Para la niña —dice Rita Castro, mi madre, refiriéndose a su nieta.

—Deme un pan, madre, para el camino —le digo.

—Hijo mío, no te pierdas —me despide, Rita Castro, mi madre cristiana, cuando me da el pan de su mano como antes me dio la leche de su pecho.

Yo, Pichún Guala, hijo de Yanquetruz Guala y Rita Castro, confieso que, a veces, cuando me he alejado de La Punta, he llorado.

—Nada, hermano, no hay diferencias entre nosotros.

—Hermano y general —me dice mi compadre el coronel, a quien ate mi suerte y mi destino para que él haga pie entre su gente, los blancos.

Pero él tampoco ha logrado mucho. Los entiendo, he tratado al menos, ellos no, nunca. Sé que no se debe robar, y he tratado. Pero ellos roban. Yo, Pichún, sé que no se debe ser avaro, y no lo soy. Pero ellos sí.

Yo, Pichún, sé que no se debe traicionar, y lo he logrado. Pero ellos traicionan. Yo, Pichún, sé que no se debe amenazar, y no lo hago. Pero ellos amenazan.

Yo, Pichún, sé que no se debe mentir, y no miento. Pero ellos mienten. Yo. Pichún, sé que no se debe matar, y no mato. Pero ellos matan.

Yo, Pichún, acaso he pretendido ser blanco, pero siempre hay algo que falta, un oscuro ingrediente que mi empeño no alcanza. ¿Cuál es? ¿Cuál?

Habré tomado el camino equivocado. ¿Por qué entre ellos el atropello, el robo y la muerte se llaman revolución? ¿Por qué la tierra que no es de nadie puede poseerla un blanco y un indio no?

Yo, Pichún, he podido ser el peor ranquel y no he querido. He querido ser el mejor blanco y no he podido. Un hombre no puede ser dos cosas a la vez.

Esta patria que ellos quieren construir no será nunca del todo blanca y seguramente no será india. Una patria tampoco puede ser dos cosas a la vez.

Pero, excluidos como hemos de ser, los blancos, ¿serán capaces de soñar una sola? ¿Una sola, todos a una y para todos?

Sin embargo... en esta tierra de España y en un pueblo de la Alcarria hay una casa en la que estoy de posada y donde tengo, prestadas, una mesa de pino y una silla de paja...

Y todo mi ajuar se halla en una sala muy amplia y muy

blanca…Tiene una luz muy clara esta sala tan amplia y tan blanca…

Yo, Pichún, ya no sueño.

Capítulo 10
La amistad de los reyes

Quien ataca debe vencer.
(Proverbio chino)

Los aciertos de nuestros enemigos son la medida de nuestros errores, tal vez reflexionó Painé Guor, el gran Toqui de los ranqueles, al escuchar la admonición del consejo de la tribu. No obstante, conservó inmutable su estampa altanera que tantas veces lo hizo invulnerable. Pero en el calor de una asamblea nunca falta el imprudente que opta por liberar lo que todos callan, ni tampoco los temerarios que, a salvo de las consecuencias de la audacia, se atreven a sostener lo que no les da el ánimo para comentar a sus sombras.

—Calfú-Kurá jamás hubiera abierto cuatro frentes de

combate a la vez.

La sola mención de ese nombre, en otras circunstancias, hubiera hecho sangrar al torpe que lo pronunciara, máxime como ejemplo de oposición a la conducta de Painé.

Lo humillante no es lo que deba escuchar en esta situación, sino el hecho de haber llegado a ella; razonó en silencio y con acierto el jefe. Porque Painé, a pesar de su instinto brutal cuando estaba en ventaja, era frío y calculador cuando se encontraba en apuros.

—El hombre que no tiene enemigos no merece llevar el apelativo de tal. Mejor sería que ejerciera de Chamán, como los que no están dotados del valor para la guerra y prefieren entregar su cuerpo al entusiasmo de otros hombres.

Otra de sus célebres frases grandilocuentes eran *el hombre que piensa más de un día en una mujer no es un hombre* y *el alcohol es un vicio solo si se toma para darse valor*.

De todas maneras, intuyó que sus pensamientos no lo sacarían esta vez del atolladero en que se encontraba. Confirmó esta sospecha la sonrisa que encontró en el rostro de Pichuiñ Guala (el hijo despechado del anterior cacique Yanquetrúz, de quien Painé heredó el trono en su desmedro); lo presintió con acierto uno de los promotores de este consejo.

Painé, hábil conductor de personas; capturó la mirada socarrona de Pichuiñ Guala y la dirigió hacia el lugar donde se encontraba su primogénito, el sanguinario e irrespetuoso Calviau Guor. Entonces, la alegría contenida de Pichuiñ se transformó en una máscara de seriedad: *No serás vos, mequetrefe, quien se atreva a sucederme en el mando, si es que estas intrigas de comadre alguna vez te llegaran a dar resultados.*

Pudo Painé ufanarse en silencio de su pequeña victoria. Pichuiñ Guala nunca terminó de aceptar la decisión de su padre, a pesar de la consideración y el trato de príncipe con que lo distinguía Painé, que por lo demás contó con la aceptación general en su nombramiento, como el heredero de las notables dotes del finado Picún para el mando, lo cual hacía más grande al gran Yanquetrúz.

Calviau Guor no era un detalle menor en los sueños de Pichuiñ. Una cosa era desafiar la tolerancia del seguro Painé, otra muy distinta sería pretender desplazar al inescrupuloso y cruel Calviau de sus urgentes ambiciones. Pero en un alarde de audacia o sensatez, alguien, dejó escapar la pregunta fatal.

—¿Qué pasaría ahora si Calfú-Kurá decidiera que los hijos de La Pampa deben tener un solo rey?

Con el total desprecio que producen en quien manda las triviales angustias de quienes solo son capaces de interrogar a otro sobre las dudas de su propio destino, Painé buscó palabras con el filo de una chuza.

—Qué imbécil, qué loco, qué simple, qué oscuro… puede ser el que sospeche que un *hombre* confundirá a los ranqueles, a quienes yo dirijo, con la pobre tribu de la viuda. Como si fuéramos los ranqueles un bocado que se come sin el peligro de morir atragantado y sin más trabajo que abrir la boca. En la exaltada reunión, en prudencia de Calfú-Kurá, yo agrego: La sabiduría y la visión necesarias para conducir a la gran nación Mapuche, aunque Calfú-Kurá tuviera de mi tan pobre opinión como quienes hoy me interrogan, sin respeto a mis atributos y celo de mis virtudes, que no existen en quiénes la duda les impide montar un potro y soportar el peso de una lanza en la batalla, yo les digo que ya he tomado mis previsiones con el gran Toqui y pronto nos daremos muestras de hermandad.

Con las mejores prendas propias de las últimas incursiones a los blancos y sacrificando las reservas de sus vicios personales, Painé armó un buen presente para el cacique mapuche, el peligroso vecino de la frontera sur de su reino, lo envió a cargo de su segundo hijo, Paguitrúz Guor, con precisas instrucciones de lograr una alianza, para la que ideó un plan simple pero imposible de rechazar. El casamiento de un príncipe ranquel con una princesa mapuche cuya elección confiaba Painé a su distinguido futuro chesquí.

Como en todas las tribus del planeta, con el fin de evitar la endogamia, los hombres eran impulsados a buscar esposa en otra tribu y era un deber establecido, que no se debía rechazar si el interesado tenía con qué pagar a la novia. ¿Pero quién sería el indicado? Los hijos de Painé estaban todos casados y no se debía insultar a un rival con el agravio de pedirle una princesa para convertirla en segunda, tercera esposa o concubina. El elegido no podía ser otro que el joven Pichi Huinchan (pequeño ladrón), el hijo mayor del desleal Pichuiñ Guala.

Calfú-Kurá transmitió a Paguitrúz su beneplácito por la idea de Painé, agregando que era un gesto que esperaba de los ranqueles desde tiempos de Yanquetrúz, y felicitaba a su padre por tener la grandeza de concretarlo. Entonces Painé, retirándolo lejos de los ojos de la tribu, con la mano derecha sobre su hombro, como se lleva a una hembra o a un chico, le impuso sus condiciones a Pichuiñ.

—Entiéndame, hermano, Pichi Huinchan es el único heredero de sangre real que tenemos disponible y en condiciones de halagar a Calfú-Kurá, él no aceptaría a otro. Y; además, estamos cumpliendo cabalmente las indicaciones de prudencia hacia nuestro vecino, que tan claramente nos indicara el pasado consejo impulsado por usted, en previsión de los peligros en los que yo incurro cuando me pongo a guerrear en forma tan irresponsable.

La boda y los festejos se concretaron en el toldo imperial de Calfú-Kurá, largas fueron las lisonjas y los halagos que ambos jefes se prodigaron. Painé debió soportar, no obstante, el relato bastante incómodo de un paternal Calfú-Kurá, cuya habilidad ubicó en Chile y en tiempos pasados, pero la refirió como ocurrida a un antepasado suyo para darle credibilidad. Era la historia de un jefe de su linaje cuya fortuna en las batallas lo infló de soberbia y vanidad, al punto de subestimar a sus rivales y desafiarlos a todos a la vez. Por supuesto ocurrió lo inevitable, todos sus enemigos se unieron para derrotarlo y le dieron muerte. Tan confundido estaba que, al comparecer ante Nguenechén, le reprochó el hecho de haberlo abandonado a su suerte. Entonces dios, muy molesto, le concedió una respuesta antes de condenarlo:

Te di toda una nación de hermanos, con tus mismas angustias y los mismos enemigos. Pero solo advertiste tu soledad al verte derrotado. ¿Qué opinión tenías de ellos cuando tu talento alcanzaba para vencer en la batalla? Entonces te di la muerte como antes la victoria para que reflexionaras. ¿Y aun así te presentas ante mí con reproches?

—Pero no es nuestro caso, hermano, gracias a Dios, nosotros no somos así.

Pero a solas con Paine fue más explícito.

—No somos hermanos y los dos lo sabemos, pero debemos serlo y estamos tratando, no solo porque sea nuestro deseo, sino porque es el mandato de los tiempos y de nuestros paisanos. Pero sí he de honrar la sangre de mi hermano y comprometer la mía por defenderlo haciendo honor a ese mandato, debo exigirle prudencia en su conducta. No puede, hermano, hacer lo que ha hecho, declarando la guerra a cuatro provincias de los blancos a la vez. Los enemigos se enfrentan de a uno, cuidando además de sanar todo lo posible las heridas del derrotado antes de acometer al siguiente. Se vence entrando por las diferencias de los enemigos, no fastidiándolos hasta desalentarlas para lograr que se unan haciendo causa común en contra nuestro. Además, tenga en cuenta que las asambleas eran buenas a nuestras costumbres cuando éramos hombres de paz, pero estos son tiempos de guerra. Y el jefe que conduce hombres a la batalla no debe sentir menoscabada su autoridad en una reunión donde cualquier maula se atreve a cuestionarlo. No permita, hermano, que una asamblea se reúna si no lo manda usted, asegúrese que hablen de lo que usted desea y que decidan aconsejar lo que usted pretende. No siempre le ha de ocurrir lo que esta vez, que de un error le salió toda ganancia.

Si amargado quedó Painé de la brutal sinceridad de Calfú-Kurá, ni siquiera podía sospechar lo que aún le esperaba del talento maligno de su nuevo aliado.

Entre grandes demostraciones de afecto mutuas se concretó la partida de los ranqueles de regreso hacia sus pagos, para hacerle honor se decidió que uno de los hijos de Calfú-Kurá, Pereyra Carupán-Kurá, lo escoltaría hasta los confines de ambos reinos con un séquito de guerreros escogidos entre los más probados en la batalla.

Cuando el límite establecido por los usos y costumbres de la convivencia estuvo delante de ellos, la comitiva de Painé dio vuelta a los caballos para la despedida final cara a cara, siendo rebasados en la marcha por los impasibles mapuches al mando de Carupán-Kurá. Dos, tres y hasta cuatro veces ensayaron la maniobra los ranqueles sin otra respuesta que la altanera actitud de Carupán-Kurá y sus hombres, éste había sido instruido por su padre para acompañar a Painé hasta sus propios toldos, en un claro mensaje de que, de ahora en más, su trono, sus dominios y su mando debían ser consensuados y no arbitrarios. Torturado hasta el espanto, fingiendo una forzada indiferencia, Painé se preguntó cuánto apreciaría Calfú-Kurá a este hijo y cuál sería la consecuencia de degollarlo. Ya en Leuvucó, un cautivo blanco le brindó la solución que su rabia no encontraba.

—Agradezco a Carupán-Kurá su compañía hasta mi humilde toldo, si pensaba que era necesario por encontrarme curao. Pero desde la punta del río Salado hasta acá se ha convertido en mi invitado y yo en su anfitrión, por eso dejo a su elección si prefiere ser acompañado hasta los confines como pidió su padre o puede volver solo a sus pagos.

La soberbia se perdona solo cuando el precio de humi-

llarla tiene el mismo valor y tamaño. Pero Nguenechén sabe más. Esto dijo Calfú-Kurá a su hijo cuando lo despachó con su nuevo aliado.

Aprendiendo a gobernar murió Painé, víctima de sus excesos, cuando aún no era viejo. Le sucedió Calviau Guor, su primogénito: sanguinario, cruel y con el rencor de la sangre tehuelche de su madre, despreciada entre ranqueles, quemándole los sentidos. Pero pronto murió estúpidamente en el desmedido ejercicio de su vanidad. Le llegó el turno a Paguitrúz Guor, que de niño creció admirando a su padre Painé. Ya que cuando murió Picún, Paguitrúz lo intuyó Lonco antes que lo decidiera el gran Yanquetrúz.

Pero, después de ser prisionero y ahijado de Rosas, el peor enemigo de su padre; aprendió que éste era un ignorante. Y no solo su propio hijo llegó a esa conclusión, el mayor aliado de Painé, Calfú-Kurá entendió que, además, era un imbécil. Paguitrúz fue acaso el mejor Lonco de los ranqueles, era inevitable que así fuera.

Capítulo 11
Un ranquel

Un poncho rojo con círculos blancos sobre un caballo bailarín.

Uno siempre es lo que es. Yo nunca he pretendido ser otra cosa que un ranquel. Pero ocurren hechos en la vida de un hombre que alteran su destino para siempre. En mi caso, el cautiverio. Y diré esa palabra para definirlo por respeto a mis padres, que siempre sufrieron por mí e intentaron por todos los medios rescatarme del cautiverio sufrido desde que fui un muchachito hasta hacerme hombre a manos de mi padrino, el brigadier general don Juan Manuel de Rosas. Aunque, en honor a la verdad, salvo durante el período inicial donde no hallaba consuelo a mi desgracia, nunca sentí muchos deseos de partir hacia mis pagos natales, puede que mordido por la curiosidad insaciable que los conocimientos del blanco ponían en mi bagaje. Además, debo reconocer que fui siempre muy bien tratado; mi padrino había dictado una amenaza de muerte a quien osara ponerme la mano encima, a pesar de los desmanes que mi contrariedad provocaba en contra de sus propósitos.

—Ya habrá de amansarse solo. Bastante tiene con soportar la pena de la soledad y el desarraigo —decía Rosas.

Con extrema paciencia insistió en alfabetizarme y hacerme cristiano. Rosas mismo, cuando sus ocupaciones se lo permitían, sentía placer en ocupar su tiempo para tratar de hacerme hábil en los quehaceres de una estancia. Mucho es lo que aprendí de él, por ejemplo, a componer un caballo, a reconocer las hembras en celo, a calcular el mejor padrillo, a sacar tropillas de un pelo. Si un día me fui de repente y sin avisar fue porque me supe incapaz de hacerlo ante sus ojos sin sentirme un desagradecido. Además, porque sé que nunca seré un blanco, aunque ya no los menoscabo como antes guiado por la ignorancia, el odio o el prejuicio de mi padre.

Sé también que los tiempos de nuestra forma de vida se acortan, que no habremos de vencer y que lo mejor, cuando no hay esperanzas de victoria, es no luchar o al menos no hacerlo a cara o cruz. Sé que para mis paisanos tan solo se trata de sobrevivir.

Al regresar a mi tierra y a mi gente hemos contado una historia llena de heroísmo para realzar la alegría del encuentro, pero lo cierto es que nadie salió a perseguirnos y tampoco nos vigilaban con mucho esmero. Se han alegrado todos de mi regreso, es verdad; pero hay un algo que siempre habrá de separarnos, un sentimiento que se expresa, por ejemplo, en la desconfianza que provoca en mi padre lo que yo sé y él ignora. Se vanagloria de la forma que aprendí la lengua de los blancos, pero en el fondo de sus sentidos le ofende, y le he ocultado que puedo leer. Mi padre me pregunta cómo es Rosas.

—Calculador, metódico, avaro, detallista, afectuoso... educado —he tratado de ser fiel al describirlo.

—Cobarde —resumió Painé, mi padre.

Es verdad, Rosas es cobarde. Pero lo que Painé no entiende al juzgar a los hombres es que la conciencia de esa cobardía hace a Rosas invencible. Entre los blancos no cuenta el valor, solo valen la astucia y el oportunismo. Si mi padre superara el odio que siente por los federales o las preferencias por los unitarios que le indujo el coronel Baigorria e intentara entenderse con mi padrino, seguramente Painé, con todo su valor, terminaría siendo sirviente del cobarde Rosas.

Pero no se engaña mi padre, un hombre que todo necesita planificarlo, que todo pretende tenerlo bajo control, que detesta la sorpresa. Es alguien que no confía en las reservas de su espíritu para superar las inclemencias de la vida. Un hombre que guarda registro de cada uno de sus pasos es, además, deshonesto. El exceso de información sirve para evitar cometer un mismo error, pero más sirve para torcer la verdad con fundamento. Rosas trata con respeto a quien desprecia y jamás ofendería su mano castigando a un sirviente, pero lo hace por prudencia, porque sabe que cualquier perro apaleado puede morder. Si Painé fuera mordido sofocaría con sus propias manos el cuello de ese animal hasta extinguirlo, sin calcular el peligro, de pura soberbia, confiado de su fuerza, pero en mi padre no hay menoscabo hacia sus semejantes o las criaturas de Dios.

—Rosas no parece avaro —desconfío Painé.

Eso dijo al ver los regalos que mandó mi padrino cuando se enteró de mi huida. Cómo explicarle a mi padre que lo que Rosas da es una mínima cantidad de lo que acumula. Y que muchas veces lo que regala no lo paga él. Cómo entendería Painé que la riqueza en los blancos es individual y que regalar lo ajeno hace la diferencia.

*

Ha venido a visitarme el coronel Mansilla, comandante de Fronteras de Córdoba, que es, además, sobrino político de mi padrino.

—Cacique Mariano Rosas. Somos casi familiares —me ha dicho el coronel al abrazarme.

Le he correspondido por educación y porque es un hombre agradable. Pero no he podido dejar de notar la incongruencia de que Mariano, ni nombre cristiano, queda bien con hermano. Y que Cacique, que es mi rango, queda bien con Paguitrúz Guor.

Tal vez el coronel estuviera asustado de ver tanto indio junto. Mansilla es un hombre educado, y yo sé que no odia a los indios, pero ciertos gestos involuntarios delatan sus pensamientos profundos. Él ha elogiado largamente la forma en que se come en mi toldo, sin reparar en el hecho de que soy su anfitrión y él mi invitado. Ni se le cruza por la cabeza que estoy echando el resto y menos aún que, al hacerlo, como sucede entre cristianos, esperaré algo a cambio. Yo no creo en las visitas de cortesía.

Además, para colmo de males, le ha regalado a Epugner un revolver de veinte tiros, lo cual produjo en mi hermano una alegría de borracho. Y yo me he preguntado cuánto esperará Epugner para comprobar si realmente mata y cuánto tardará ese objeto, que presumo muy valioso, aún para la medida de un coronel que usa capa blanca en medio de la polvareda en La Pampa, en ser un montón de óxido inútil, porque mi hermano no conoce los cuidados que requiere un arma, y cómo hará para conseguir balas cuando se agoten las que le dio el coronel.

Cuando entendió mi seriedad y mi disconformidad por ese regalo, el coronel me hizo el gesto de complacer a un chico. Eso es lo que me desagrada, la distinción en que me pone revela lo que piensa del resto de mi gente.

Ante sus elogios por el recibimiento y el agasajo le he recordado la ancestral pobreza de los nativos y su imposibilidad de adaptarse a la vida sedentaria del blanco, a la vez que nuestros deseos de vivir en paz con ellos, para lo cual es necesaria e imprescindible la ayuda del gobierno. Así como las sucesivas promesas de consideración a mis pedidos de incluir a mi pueblo en su idea de nación. Le recordé que, contrariando la tradición ranquel, intervine primero con mil lanceros al mando del coronel Baigorria en contra de Buenos Aires y a favor de Urquiza en Cepeda. Y después, ante la traición a los compromisos asumidos, en contra de Urquiza y a favor de Buenos Aires en Pavón. Le reafirmé que el orden y la valentía de mis lanceros evitaron el desastre de las fuerzas de la provincia y que esa decisión convenció al supremo entrerriano que para vencer debería hacer un baño de sangre que lo dejaría bastante desarmado y muy mal parado en futuras negociaciones.

Sin exagerar, y aunque yo no se lo diga por cortesía, puedo afirmar que Mitre me debe la presidencia y el pago recibido fue el olvido o la agresión. Porque los blancos entre ellos se arreglan y todos los indios somos iguales, ladrones o decentes, amigos o enemigos, traidores o leales, ellos nunca nos consideraran sus pares. Siempre seremos vagos, ladrones, criminales e inútiles.

Yo me pregunto qué oficios desempeña Urquiza y que sean superiores a los míos o a los de Calfú-Kurá y qué méritos destacan en sus gauchos en armas o en los antiguos colorados de Rosas, que no tengan mis hombres. Yo nunca he visto un gaucho trabajar. Pero los gauchos son soldados y Urquiza, un señor. En cambio, mis lanceros son delincuentes y yo un cabecilla sanguinario. Pongo a Dios como testigo de que siempre he tratado de conservarme a salvo de los pecados más graves, he mantenido, cuanto me lo permitió la fortuna, la observancia de los mandamientos aprendidos de mi padrino, no robar ni mentir. Por respeto y esperanza hacia los blancos lo he hecho. Entonces le dije:

—Mire, coronel, a esta altura del baile usted sabe que nunca me verán como un hermano ni a mi gente como ciudadanos. Los dos sabemos que yo no soy Painé ni Yanquetrúz, pues en ese caso el gobierno no lo habría elegido ni usted hubiera aceptado esta comisión. Pero ambos somos nosotros, usted se da el lujo de visitar al hombre de quien debe cuidar a los habitantes de Córdoba. Pero si no logra transmitir a su gobierno lo que ha visto y nuestros mutuos deseos de entendernos en paz, y si en Buenos Aires no se avienen a satisfacerlos, la vida no tardará en volver a ponernos frente a frente en una situación menos amable —concluí en voz firme.

No sé si él me ha entendido o me ha querido entender, pero como cada vez que hablo con un blanco, y el coronel no es la excepción, percibo en ellos esa sensación incómoda de asombro que les provoca comprobar que soy mucho más de lo que esperan de un salvaje y mucho menos de lo deseable para su medida. La extrañeza de ver una posibilidad mayor desarrollada a medias y sé bien qué piensan.

¿Cómo puede este hombre persistir en ser indio, siendo lo que es y sabiendo lo que sabe? ¿Cómo puede entender que este modo de vida los lleva hacia la desaparición sin hacer nada? ¿Sin ponerse a salvo al menos él? Así son las preguntas que se leen en sus miradas.

Pero ponerse a salvo es lo que pretende haber hecho mi paisano el cacique Ramón López, como si ser accionista del banco de Río Cuarto lo pusiera a cubierto de su condición de indio, como si fueran a respetar sus derechos y su dinero cuando todo estalle.

Yo me pregunto: ¿Qué vale la salvación de un hombre si ha de ser el último de su raza en estos pagos? ¿Con qué cara miraría yo a las diez mil almas a mi mando soñando con persistir solo para sobrevivirlos?

Los blancos no entienden ni entenderán nunca que hago solo lo que puedo. Trato, y tan solo trato, de que si los ranqueles han de ser aniquilados no ocurra durante mi mandato.

Esta decisión, que no me libera del egoísmo, al menos, me desliga de la culpa. Han sido y serán pobres mis paisanos mientras yo los conduzca, pero al menos todavía serán.

He tomado conciencia de nuestras escasas posibilidades y a los blancos les duele que no sea yo el que salte al abismo. Saben bien los blancos que, con esta actitud inesperada, aún les queda un crimen horrible por cometer si quieren la tierra. El infierno no es mi indolencia sino su ambición. El salvaje seré yo, los asesinos, ellos.

También he notado que hay algo en sus gestos, un dejo de nostalgia, de dicha perdida al ver nuestra forma de vida sin las angustias de la prevención. Ganas me da de explicarles, pero de qué me valdría, decirle lo que es el hambre y el frío en estos pagos, las tormentas y los incendios, chapalear barro semanas enteras, las enfermedades o la intemperie cuando no hay recursos para enfrentarla, y la imposibilidad de cambiar la naturaleza de la gente a nuestro mando.

Cómo entendería Mansilla que acá dura muy poco el mando de quien ordena algo que los demás no encuentran razonable. Su nostalgia de la vida pastoril, como él la llama, se acomoda al poco tiempo que debe soportarla. Nuestra libertad tiene un precio, nosotros lo pagamos.

Por los azares de una traición me fue dado cuando joven el comprender el destino fatal que aguarda a mi gente. Desde hace veintitrés años, cuando murió mi padre, Painé, y luego mi hermano, Calviau, que los he gobernado. Y no he podido, no he sabido o no he querido cambiar esa suerte, que, sin embargo, me involucra. Nunca he pretendido ser otra cosa que un ranquel.

Si los imponderables que han regido mi vida me reservaran una tumba de cristiano, y si ella mereciera un epitafio, este breve discurso me resume: *Paguitrúz Guor Ranculche. No habrá a mi corazón honor más grato. Ni habrá, a mi entender, mayor desprecio.*

El imperio del sol de mediodía

Capítulo 12
Dos zorros

La vida es rencorosa y no perdona, mi rencor es como La Pampa, un inmenso páramo sin fronteras.

Yo, Epuguor soy el que manda. Eso es todo lo que puedo decir a mi favor si he de ser justo. Yo, Epuguor, cuyo nombre, no sin acierto, fue deformado por la chusma a segundón, soy el que manda. No es poco entre ranqueles, ni es, en mi caso, una gracia de nacimiento.

Es verdad, he sido un segundón durante el largo y amable reinado de mi hermano Paguitrúz Guor. Vale aclararlo, porque mi reinado no será largo ni amable. Estoy seguro. Yo, el más oscuro y primitivo de los hijos de Painé Guor, fui rescatado del olvido por mi hermano, el Lonco, para ser el comandante militar de sus ejércitos. A Paguitrúz lo amaban, a mí me respetan.

Hay cosas que no tendré nunca y las acepto como parte

de mi oscuro destino. Pero hay otras a las que no habré de renunciar nunca. Soy el sitio hacia donde convergen las miradas de mi gente ante la duda. No hay otro como yo, no hay mayor certeza, no hay mayor peligro.

Cuando nos reunimos en parlamento, a mis lados crecen los brazos del círculo hasta cerrarse. Siempre dejan un lugar vacío cuando me esperan: el del rey. Mi voz, y solo ella, es el aviso que pone un límite a sus fatigas. Mi voluntad decide la calidad y el tamaño de sus vidas.

Dicen de mí, entre otras cosas, que tengo malas borracheras. No es así, yo tengo mala vida. Puede que haya matado más gente estando curao que sano, pero en los dos casos lo he hecho convencido. Me hablan de piedad o de justicia cuando me enojo, no las conozco, mal puedo ejercerlas. Yo solo creo en la fuerza. Soy la prueba de esta verdad.

Todos merecemos todas las desgracias, pero solo los fuertes sobreviven, a ellos buscan las hembras para fecundarles hijos.

Nunca me pesó ser el segundo de mi hermano. Él fue un gran rey, ambos lo fuimos. Yo, el elemental, sé que fui la cara cruel de su reinado, el espanto que les mostró a los ranqueles, la medida de la infelicidad que su ausencia les prometía. Fue una buena decisión la suya, admito que la disfruté. La primera vez que fui a la guerra entendí el porqué de mi desafortunada vida.

Hay palabras que me están vedadas y jamás las habré de pronunciar. Pero como guía diré que no todos los hijos de Painé fuimos hermanos, a no todos nos consideró iguales. Yo no me he considerado hijo ni hermano de los Zorros.

Ellos ejercieron el mando por placer, para disfrutar la vida. Yo lo ejerzo por rencor, yo me aguanto la vida. Soy, en ese sentido, irrepetible, el primero y el único.

Puede sonar esta afirmación como un agravio a Paguitrúz, pero nunca pesó entre nosotros la condición de medio hermano, ya que solo la sangre de Painé compartíamos. El difunto Calviau sí era mi hermano completo de sangre, sin embargo, a nadie he odiado tanto, ni siquiera el favor de haberme librado de mi madre durante su breve mando hizo que le cobrara simpatía, no dudo que habría encontrado la forma de suprimirme si hubiera tenido el tiempo suficiente.

Paguitrúz era el rey y como tal lo he servido. Le he soportado que me escondiera las limetas de ginebra y los barriles de vino, a cambio me bebí mi dosis y la suya de guerra, el alcohol más embriagante.

Baigorrita, hijo de Pichún y nieto de Yanquetrúz, resiente mi mando, me piensa un usurpador, cree que todos los Zorros lo somos. No me ofenden sus desplantes, al contrario, los disfruto, así se ha hecho fuerte Epuguor. Él sabe que espero con ansiedad el día en que sea capaz de arrojar sobre mí otra cosa más contundente y peligrosa que su desprecio; lo sabe y lo evita.

Intuyen bien los ranqueles que no espero de ellos ni una gota de amor, pero a cambio no toleraré la menor falta de respeto o desobediencia.

No se dieron bien los hijos impares en la herencia de Painé: Calviau, el primogénito, se anuló a si mismo por su extrema estupidez a favor de Paguitrúz. El tercero, Huenchú Guor, en cambio, que era el que me precedía en el orden de sucesión, fue un obstáculo retirado por mí, al menos eso dicen y a mis intereses les convienen esos dichos. Era su obligación morir antes que Paguitrúz y así ocurrió.

Ya no fui un segundón.

Un sino fatal guía mi vida. Uní mi lucha a Calfú-Kurá, acaso yo soñara entonces con conocer la victoria, ya que solo él podía sostener el orgullo de ser invencible para los blancos. Los demás apenas presentamos batalla, pero el resultado fue fatal, él fue el que logró conocer la derrota. Hoy soy aliado de su hijo Namún-Kurá, él tiene el ejército más grande, tiene más edad, más años como comandante, ha librado más batallas y se cree más sabio, eso lo lleva a creer que obedezco. Él, como mi hermano Paguitrúz, hace la guerra, pero persigue y quiere la paz. Él también es idiota. No intuye siquiera que está condenado a mí, no ve que su voluntad me pertenece, que su boca dicta las órdenes que yo deseo.

Estos son tiempos de guerra. Yo, el oscuro y olvidado Epuguor, amo la guerra, nací para ella. Cabalgando hacia la batalla y ante la visión del enemigo que a mis hombres espanta, mi espíritu se serena y se libera, vuela sobre los ejércitos como el manqué sobre las sierras. Mi rencor ancestral se apacigua en la antesala, se liberan mis tripas de su sed infinita.

Yo, el desagradable y parco Epuguor, me sueño hermoso y locuaz en la batalla. Hacia ella me dirijo con la urgencia y el ardor de mi primera hembra.

Anhelo un día salir distinto de ese encuentro de agonía y placer. La hembra misteriosa cuyo nombre callo, me aguarda en la batalla. Solo ella, que a todos ama por igual, me hará conocer el amor, me develará el secreto de mi vida poniendo fin a este castigo.

Las fuerzas enemigas, esta pampa que nos disputamos, mis ejércitos, la guerra misma, no son más que el escenario imprescindible, los actores necesarios de este largo desencuentro de amor entre ella y Dos Zorros.

El imperio del sol de mediodía

Capítulo 13
Manuel Baigorria

Mestizos del hombre blanco, lo tuvieron en poco. Mestizos del hombre rojo, fueron sus enemigos.
(Los Gauchos, de Jorge Luis Borges)

Un oficial unitario huye al extranjero cuando la derrota lo alcanza, máxime si ha escapado del fusilamiento a manos de Quiroga por el canto de una uña. Pero Manuel Baigorria es un gaucho, solo pisando estos campos podrá sentirse un hombre digno, ejercer impunemente la ironía, el silencio calculado, la sentencia que acaba la discusión. Sabe bien que el exilio terminará por convertirlo en un paria, por eso su decisión es quedarse, aunque la patria se haya vuelto de golpe toda federal. Un único lugar le queda para refugiarse; Leuvucó, la capital de los ranqueles, hacia allá se encamina a pedir la protección del cacique Yanquetrúz.

Es fácil suponer que, viendo sus piernas arqueadas de vivir a caballo, su cuerpo enjuto y fibroso, su cara quemada mil veces por el sol, no habría ningún paisano de La Pampa que le dijera que no.

Se instala en la laguna de Trenel y se hace compañero de correrías del capitán más notable del jefe que lo cobijó, un guerrero llamado Painé Guor. Entre pampas la hospitalidad se paga empuñando las armas a favor de las necesidades; inevitable fue entonces a Baigorria salir a malonear en poblaciones cristianas, más en su caso siendo militar. Esa fue la primera traición a una mitad de su sangre. Para baldón de su orgullo, llevó durante toda su vida la marca en la cara de tal condición, en un malón llevado a cabo por él y el cacique Guete contra poblaciones federales, el 5 de agosto de 1836, en el combate de Cuchicorral contra las fuerzas regulares del coronel Sosa que salieron a reprimirlos, recibió de manos del capitán Sebastián Domínguez, un horrible sablazo que le marcó todo el carrillo derecho y le destrozó la mandíbula.

Es posible que el gaucho desprecie los afanes del blanco, las ciudades, la acumulación, el respeto a la propiedad, hacer del dinero el sentido de la vida y que el trabajo a pie lo viva como una humillación. Además, el milico lleva la docencia en la sangre, y más siendo gaucho, lo pierda la vanidad. Con seguridad, así aprendió Painé táctica y estrategia militar y el uso del clarín, fingiéndose amigo, sabiendo escuchar.

A los cinco años de vivir con los ranqueles muere el jefe Yanquetrúz. Y para sorpresa de Baigorria la sucesión no se decide a favor del heredero inmediato del jefe, Pichuiñ Guala, el nuevo Cacique de la confederación ranquel es su amigo Painé Guor.

—Al zorro se lo persigue con perros, al indio se lo sujeta con gauchos. Traigan a ese paisano rotoso de Baigorria que quiero hablar con él —bramó el general Urquiza fuera de sí; ante el reiterado reclamo de su aliado de Santa Fe por las correrías de los salvajes.

El Paraná era la barrera infranqueable que ponía a salvo de esta calamidad a su estancia entrerriana, pero don Justo nunca fue hombre de una sola provincia, Corrientes y Santa Fe también bailaban su música.

—Ese hombre es unitario, mi general, era oficial del general Paz hasta que éste cayó prisionero de Estanislao López después de haber corrido a Facundo Quiroga.

—Qué unitario ni qué pindonga. Ese hombre es un gaucho y lo único que necesita es un patrón que obedecer, para eso han nacido, actuando por su cuenta no parará de hacer cagadas hasta el fin de sus putos días.

Rotoso sí, pero ilustrado, eso se percibía claramente, pretencioso el paisano, evaluaba impiadoso Urquiza, acostumbrado a medir la gente a la que habría de sacar el máximo provecho al menor costo posible. Tacaño era el general.

—Acá ando olvidado de la civilización y de Dios viviendo entre infieles, pobre y cargado de hijos, sin saber trabajar ni poder ejercer el único oficio que sé en favor de la patria que se ha olvidado de mí.

—Justamente he pensado mucho en usted sin comprender cómo alguien de su valor era así desaprovechado, por mi parte le digo que mido a los hombres por sus cojones o su capacidad, no por sus ideas, veo claramente que le sobran las dos cosas. Conmigo nadie se ha de sentir perseguido o menoscabado por pensar distinto. Yo no soy ese mediocre de Rosas.

Tanto tiempo entre la indiada te ha hecho pedigüeño y llorón, pensó Urquiza.

—Gracias, general, me siento muy honrado de que lo diga usted justamente.

Jamás creyó Urquiza en la humildad del gaucho, la tomaba como la exacta medida de su altanería. Porque, para el Supremo, esa es una raza que no reconoce igual, pasan de la sumisión e idolatría absolutas hacia quien consideran superior, al desprecio irracional, si se quiere cruel, sobre quien juzgan inferior. En esta última categoría entra todo el género humano salvo el patrón. Por eso es inevitable que se maten entre ellos por nimiedades.

—Creo que sería usted la persona ideal para el empleo de coronel de la nación, a cargo del séptimo de dragones con asiento en Río Cuarto, con los sueldos y privilegios del grado. Seré franco, su principal deber será sujetarme a la indiada, dada su larga amistad con Painé confío en que podrá hacerlo ahorrando sangre de ambos lados.

—Es difícil, general, los ranqueles tratan, puedo dar fe de ello, ya no son los de antes y lo saben, también que cuando la nación se saque de encima los problemas externos e internos puede echarles encima todo el ejército de línea. Pero la pobreza es muy otra en el desierto, cuando la suerte viene cambiada con las cosechas o el ganado, ellos no tienen banco que les dé un empréstito, a pesar de ser dueños de la tierra carecen de títulos que empeñar. El robo es a veces la única forma de sobrevivir que les queda.

—Vea, coronel, no necesito aclaraciones de ese tipo, no se olvide que habla con un paisano y no con un señorón de Buenos Aires. Habremos de arreglar lo que necesiten de acuerdo con su criterio, se les enviará anualmente. Ni siquiera les pediré que dejen de malonear si lo que precisan es ejercicio, solo les pido que no lo hagan más en Santa Fe. Deberán olvidarse de Santa Fe. Y también de Córdoba, que será su destino.

—No veo, mi general, qué les queda sacándoles esos lugares.

—La provincia de Buenos Aires es muy grande y rica, coronel.

—El problema allá tiene otro nombre que los dos conocemos general: Calfú-Kurá.

—Buenos Aires es muy grande y rica, coronel, suficiente para él y Painé, vaya tranquilo que yo me encargaré que el "Pepe" (Piedra Azul) así lo entienda.

Nunca le faltaron agallas, ni astucia o talento a Urquiza, pero la avaricia fue su cruz. Muy barata le salió la solución al problema Painé, con un adicional inesperado, la victoria de Cepeda, en la que tuvieron principal protagonismo el séptimo de dragones, además de un regimiento de mil ranqueles a las órdenes del gaucho ilustrado de Baigorria. Con esa victoria Urquiza pudo ponerle un pie encima a la dísola Buenos Aires, que debió aceptar la Constitución Federal, su presidencia indiscutida y los gastos de la rebelión.

Pero el hombre, al sentirse seguro, pretendió ponerse ahorrativo. Cuando recibió la notificación de la Confederación Argentina con la firma del presidente Derqui, ordenándole ponerse bajo el mando de su nuevo comandante, el general Juan Saa (responsable de la muerte del gobernador unitario y constitucional de San Juan, Antonino Aberastain), Baigorria sintió arder sus tripas de indignación.

—Comandante ¿di ande? Politicastro hablador será. General, ¿desde cuándo? Montonero y gracias. ¿Derqui presidente? Las pelotas. Títere. Yo te he de enseñar, entrerriano muerto de hambre a facilitar de esta manera al coronel Baigorria.

No ignoraba Urquiza el motivo de ese encono, pero su tacañería lo cegó. Baigorria había tenido el mal gusto de reclamarle sueldos atrasados de sus tropas y las provistas incumplidas de los ranqueles.

—¿Qué pretende ese gaucho, hacerse estanciero? Lo nombro coronel y pide plata, habrase visto desagradecido. No conozco un jefe de frontera pobre.

Urquiza no contaba con el amor propio del gaucho, jamás descendería el coronel a ser ladrón de cristianos viviendo entre cristianos. El motivo de su odio a Juan Saa lo llevaba el hombre grabado en su conciencia. Los hermanos Saa, unitarios como él en sus comienzos, aprovecharon su amistad con el entonces alférez Baigorria para refugiarse en los toldos ranqueles. Painé, confiado en su amigo los acogió de buen grado, tanto que les facilitó las fuerzas para recuperar el mando en San Luis. Pero una vez ocurrido esto, no tuvieron idea más feliz que volver sus armas en contra de su protector y benefactor. Ardiendo de vergüenza, pidió Manuel Baigorria a Painé los guerreros suficientes para lavar su honor en entredicho. A pesar de su bravura y de tener la formación militar de la que Saa carecía, cometió un error de gaucho, la subestimación. Juan Saa lo despachó en Laguna Amarilla con una derrota humillante que por poco lo manda a la quinta del ñato, para colmo, su prestigio militar quedó por el piso en el envidioso entorno del estado mayor ranquel. Desde entonces su encono fue en aumento al punto de pedir, cuando se pasó a las fuerzas de Mitre, una oportunidad de revancha con el gobernador puntano.

Pero hasta el pelo más delgado hace su sombra en La Pampa, y así un equívoco coronel pudo decidir el futuro de la República en la impresentable batalla de Pavón, donde Buenos Aires y la Confederación Argentina volvieron a verse las caras, es decir, Mitre por la primera, Urquiza por la nación. Ni siquiera un general grandilocuente, inexperto y necio como don Bartolo logró desbaratar el ímpetu rencoroso de Baigorria. A pesar de sí mismo tuvo Mitre, de la mano del coronel del Séptimo de Dragones, la primera victoria militar de una larga carrera de fracasos. Y así pagó Baigorria su segunda traición, el odio lo depositó otra vez en la orilla unitaria.

Los cebados gauchos entrerrianos conocieron al fin la derrota, supieron que había unitarios capaces de morir hundiéndoles el espolón y probaron lo que es pelear con la indiada en contra. En el desorden del combate solo un cuerpo supo lo que hacía o lo que quería, el Séptimo de Dragones, solo un regimiento aguantó, quebró y puso en fuga las cargas de la caballería entrerriana: las mil lanzas ranqueles cedidas por Painé. Al ver el desarrollo de la batalla, sabiendo que aún estaba lejos de ser derrotado, pero evaluando que una victoria de ese tipo no le serviría de nada, porque lo dejaría diezmado, Urquiza, dio la orden.

—Parlamenten con Mitre, si hay arreglo nos vamos, ese trastornado de Baigorria se ha tomado esto a pecho —fue la orden del supremo entrerriano.

—Le juro, paisano, jamás entenderé las razones o motivos de Painé Guor, mucho menos las de Baigorria. ¿Qué necesidad tenían de irse encima de don Justo, que era un canalla razonable, para ponerse a favor de Mitre, que es un cretino irracional? No nos dejan ahora más camino que la guerra, al menos hasta que la sensatez ilumine las ideas de ese hombre.

Esto mascullaba Calfú-Kurá, después de Pavón, a quien ya no le era tan fácil alzar seis mil lanzas. No es que le faltaran, pero ahora no podía dejar a sus poblaciones sin protección, muchos menos desde que los blancos también les entraban a ellos en las tolderías sin avisar. A raíz de la batalla de Pavón, Calfú-Kurá debió entrar en trabajosas alianzas con los caciques tehuelches Cachul, Manuel Grande, Catriel el viejo, hombres hechos a la convivencia con el blanco y que ya no podían malonear en sus pagos. Y así fue como en La Pampa ocurrieron extrañas migraciones de indios alzados. Cuando Catriel y Cachul atacaban la Cruz de Guerra, su hijo Namún-Kurá, saqueaba el Azul. Manuel Grande desataba su furia en Tapalqué y su hermano Reuque-Kurá lo hacía en 25 de mayo.

Pasaron muchos años. Hasta que un día el ya anciano

coronel de Dragones recibió una visita en la rica biblioteca de su pobre rancho, plantado en el medio del desierto. Se trataba de un astuto y ambicioso oficial tucumano, su nombre era Julio Argentino Roca, éste no necesitó disfrazar sus intenciones, solo cuidó las palabras. Deseaba conocer de primera mano el verdadero poder de los pampas, su herramienta para lograrlo fue halagar con largueza la vanidad de un gaucho contrariado.

El hombre llegando a viejo se pone cursiento y flojo. Pródigo hasta la vergüenza fue Manuel Baigorria en la información, desnudaba sin remedio a los hijos de quien fuera su amigo más fiel, Painé Guor: el actual Toqui de los ranqueles, Paguitrúz Guor, y Epuguor, su futuro jefe. En su defensa, cabe admitir que Roca no usó la palabra aniquilar, solo dijo correrlos de las tierras aptas para las labores del progreso. Y no los calificó de asesinos, haraganes y ladrones, solo dijo que eran una chusma incapaz de hacer algo que les aproveche.

El terrible y cansado juego de equilibrista que ejerció entre salvajismo y civilización, unitarios y federales, tal vez atrofió su sentido del deber y del honor. Uno trata de creerle al leer sus memorias, de ser piadoso, incluso puede llegar a entenderlo, en definitiva, se trataba de sobrevivir, lo que no se logra es justificarlo. Si, como sostenía Julio Cesar, "un hombre es sus hechos, no sus palabras", sus hechos lo condenan, aunque sus palabras lo absuelvan.

Solo un hombre le planteó el juego que siempre practicó sin asumir, Rosas, cuando ya cansado de no poder prenderlo, hizo correr la voz de que Baigorria le era adicto y esperaba el momento de traerle juntas las cabezas de Painé y

Pichún. Fue la vez en que el destino lo puso en más apuro.

Dicen que en su vida Baigorria admiró a un solo hombre, y fue en su faceta de escritor: Domingo Faustino Sarmiento, tuvo ocasión de saludarlo en Pavón, muy poco tiempo para darse a conocer. A todos los demás los traicionó.

Capítulo 14
Palabras de piedra

A naipes nuevos, suertes viejas.

El secretario Rufino Solano terminó de leer las últimas frases de la carta, después hizo silencio, permaneció inmóvil y con la mirada fija en un punto del piso. Esperó la lenta, trabajosa y repetida traducción que su hijo, Pereyra Carupán-Kurá, y su sobrino, Leví-Kurá, hacían al anciano jefe de lo que acababan de escuchar. A Solano no se le escapó un gesto, ni un suspiro, nada que pudiera delatar sus pensamientos. Podía sentir la mirada del impasible Calfú-Kurá, que pretendía vulnerar su parquedad a partir del detalle más sutil. Pero inútil era al jefe malgastar su dura máscara que tanto le servía para acreditar su poder absoluto o su comprensiva paternidad, Rufino, sabía bien que en él todo era cálculo, hasta la crueldad.

La amistad o el enojo eran las armas con que el jefe satisfacía su mayor vicio: el poder. Lo había visto someter a sus interlocutores a inhumanos silencios de más de media hora sin quitarles los ojos de encima, sin pestañear y sin pronunciar una palabra. Cuando ya quebrantados estaban al borde de la desesperación, la máscara mutaba en la de un abuelo zalamero que corregía a un nieto travieso o en un consejero bonachón y casi cómplice.

Así masticaba Calfú-Kurá las voluntades de quienes ante él debían rendir cuenta de sus actos pasados o futuros, y también de sus pensamientos, los cuales presumía poder adivinar. Por eso se encontraba contrariado, tratando de descubrir en los gestos de su secretario criollo la segura trampa que el nuevo jefe de los blancos, ese tal Sarmiento, le tendía a través de la oferta de amistad que pretendía transmitirle en una carta.

Ante la tozudez de Solano, la impaciencia del anciano se puso en evidencia por el golpeteo suave y nervioso del rebenque con mango de plata repujada contra la bota de potro. El rebenque era su cetro, el símbolo que sintetizaba todo su reino: los potros, La Pampa y la libertad. Inclinando la cabeza hacia él, atrayéndolo hacia sí con ese leve gesto, le susurró al oído a su hijo Namún-Kurá.

—Ese Solano mucho zorro se ha venido.

A punto estuvo el secretario de sonreír, pero se contuvo,

no quería ni podía dejar ver que llegaba a entender en tal grado un idioma que no le estaba permitido. A solas con el jefe habría sido posible, hacía tiempo que ambos podían seguir sus pensamientos con solo estar frente a frente, en un silencio apenas roto por palabras ocasionales casi dichas al descuido en cualquiera de los dos idiomas, pero conservando la forma de una conversación que iba uniendo cada una de sus especulaciones, fruto de dos culturas distintas, como los puntos de una costura forzada.

Pero ahora estaban presentes todos sus hijos reconocidos, el clan de los Piedra, cualquiera de ellos podría ser mañana su mandante, era mejor ser prudente, siempre es buena la prudencia entre los araucanos, más cuando el jefe era ya largamente centenario.

—Solano, pregunta mi tío cómo hubiera escrito usted esa carta, pero utilizando sus palabras —formuló Levi-Kurá.

El secretario maldijo para sus adentros, se le avecinaba una jornada difícil.

—Bueno, mi situación con el Lonco Kurá es muy distinta a la de Sarmiento. Ya que, al ser su protegido, le debo absoluta sumisión y respeto. Pero Sarmiento es como él un gran jefe, por eso utiliza otros términos. —respondió Solano.

—Dice mi padre si eso significa que Sarmiento no está obligado a ser sincero. —dijo Carupán-Kurá.

—Al menos no está obligado al respeto —respondió Solano

—Dice mi padre si Sarmiento es tan gran jefe como para hacer que don Justo (Urquiza) le obedezca —volvió a preguntar Carupán-Kurá.

Por vez primera Solano se atrevió a mirar al jefe a los ojos para contestar.

—Urquiza, como Cipriano Catriel, Cachul o Manuel grande, cuando no le conviene es remolón para obedecer. Pero cuando el peligro es mayor que el beneficio don Justo obedece a Sarmiento como ellos obedecen a Calfú-Kurá.

La respuesta debió agradar al anciano, por su gesto de asentimiento o porque la próxima pregunta la hizo sin pretender amedrentarlo. De todos modos, el secretario esperó la traducción de Levi-Kurá.

—¿Por qué Sarmiento usa la palabra obligación cuando se habla de Calfú-Kurá y la palabra compromiso cuando habla de su gobierno? y ¿Por qué habla de su gobierno y no de él mismo?

—Él ha sido maestro, ha escrito libros, tal vez juzga oportuno no repetir palabras —volvió a responder Solano.

—A mi padre le parece que, en un acuerdo leal, las palabras deben ser iguales para las dos partes. Le parece también que una obligación es algo inevitable. Y que por el contrario, un compromiso le suena más liviano, más fácil de romper —dijo Carupán-Kurá.

Lo intuyó, instintivamente el secretario llevó la mano al diccionario aún antes de que el anciano se lo señalara con el rebenque. Luego leyó las diferentes definiciones de las palabras "obligación" y "compromiso", entonces esperó paciente las concienzudas y lentas traducciones.

Calfú-Kurá asintió envalentonado, Solano se hizo el desentendido, pero la próxima pregunta fue aún más envenenada.

—Dice mi padre por qué su obligación parece que ya *es*. En cambio, el compromiso de Sarmiento o de su gobierno se ve lejano y poco claro —interrogó Carupán-Kurá.

—Es verdad, los verbos y los tiempos no coinciden, pero Sarmiento es el presidente de la nación, entonces debe creer que su autoridad.... —estaba respondiendo Solano cuando fue interrumpido por el gesto imperativo de Calfú-Kurá.

—Dice mi padre por qué Sarmiento no usa la palabra autoridad para nombrar el mando que él ejerce —preguntó Carupán-Kurá.

—Sarmiento, al ser el presidente cree que su autoridad está por encima de Calfú-Kurá, entonces piensa que el jefe también le debe obediencia. —respondió Solano.

El secretario disfrutó el revuelo que sus palabras provocaron, en algunas miradas hubo una ira desmedida, en otras un asombro divertido; solo hubo dos que escaparon a esta constante: la de Namún-Kurá, impasible como su padre, a quienes el blanco no les divertía ni les asombraba, y la de Reumay-Kurá, que solo logró profundizar su odio, si esto fuera posible. Pero evaluó también que había caído en el territorio que el jefe quería, la próxima pregunta se la hizo solo por diversión.

—Dice mi padre qué opina Solano de esto —volvió a preguntar Carupán-Kurá.

El secretario dudó, mirando alternativamente a los hijos, luego al jefe, hasta que éste le hizo el gesto que lo animó.

—Yo creo que Sarmiento es el presidente de todos, también de Calfú-Kurá, como lo es de Urquiza, Alsina o de Mitre. —contestó Solano.

Ante las exclamaciones que tal respuesta volvería a provocar, el anciano levantó la mano imperativo. El silencio fue entonces absoluto.

—Dice el Lonco que él manda a Reuque, a Purrán, a Sayhueque y a muchos grandes jefes. Pero para ser obedecido por ellos él también les reconoce su autoridad, sus territorios, y derechos. Entonces, entiende que Urquiza, siendo más toro, obedezca a Sarmiento si es respetado por él. Lo que no entiende es porqué Calfú-Kurá debe respetar a quien no lo respeta —dijo Levi-Kurá.

—Él, además, le habla de amistad. —dijo Solano.

Pero un nuevo gesto categórico del jefe que obliga al secretario a callar.

—Dice mi padre que aún no es tiempo de llegar a esa palabra. Pregunta también dónde dice en la carta cuál es el derecho de Calfú-Kurá, cuál es la provincia o territorio dónde ese derecho vale como para ser respetado por Sarmiento. Y dónde dice que los pampas son argentinos de igual valor que los gauchos de Urquiza —interrogó Carupán-Kurá.

—La carta no dice eso, habla de respeto a los límites, al hacerlo da a entender... —intentó responder Solano.

—Dice el Lonco que, si no entendió mal, cuando habla de límites nombra los que Calfú-Kurá debe respetar, pero no dice que Sarmiento vaya a proceder de igual modo —

afirmó Levi-Kurá.

—Se entiende... —comenzó a responder, pero fue nuevamente interrumpido.

—Dice mi padre que cuando está bien escrito él entiende, que si él respeta los límites, como pretende Sarmiento, él mañana amanecerá con un fortín en la entrada de su toldo. Que Sarmiento no busca la paz sino ganar tiempo. Que la amistad y la paz nunca van separadas, eso prueba que Sarmiento es falso y que solo va a conseguir una falsa paz. Dice también que Solano ya se puede ir, que vuelva más luego para matear a solas —concluyó Carupán-Kurá.

A pesar de lo inaccesible de la reunión, Solano podía adivinar la decisión que el Cacique estaba impartiendo a sus hijos. Que los jefes hicieran la paz con el gobierno según les conviniera y de acuerdo con las necesidades más apremiantes, pero nunca todos a la vez. En los dos casos, todos quedaban obligados con él, ya sea enviándole parte del botín o los guerreros ociosos para apoyarlo en batalla.

Al final de la siesta Solano se fue arrimando hacia el toldo imperial con las precauciones de estilo, pero el anciano ya lo estaba esperando con el agua lista, el mate sería trabajo del secretario. Cuando se encontraban a solas hablaban en araucano, el viejo cuidaba bien que las chinas no anduvieran cerca, como cuidaba que no estuviera Solano cuando no quería ser escuchado por él. Si el secretario no podía armar bien la frase por falta de alguna palabra de la lengua mapuche, el jefe le pedía que lo dijera en castellano, siempre lograban entenderse, era un secreto que compartían. Tratándose de Calfú-Kurá, también era una prueba inequívoca de amistad. Solano estaba íntimamente convencido de que si el anciano no hablaba cristiano era solo por orgullo o por no mostrarse dudando y no porque no pudiera hacerlo.

—A mí Sarmiento no vino a verme —dijo Calfú-Kurá.

El secretario sonrió, esta vez sin disimulo. Era evidente que el hombre estaba comparando el hecho de que cuando el presidente necesitó algo de verdad, puso su cara y su corazón en el pedido, transmitiendo sus pensamientos con su propia voz y no con una carta (en referencia a la visita que Sarmiento le hizo a Urquiza en el palacio San José, Entre Ríos).

—No, es verdad. Tal vez a don Justo le teme más —dijo Solano.

Por respeto, quizás inducido por el afecto o la admiración que sentía por este hombre, el secretario prefirió callar lo evidente. En la patria que soñaba Sarmiento, tanto el jefe como Urquiza eran juzgados despreciables e innecesarios por igual.

—No es temor, porque don Justo se ha equivocado al dejar el mando, que jamás se debe abandonar, se muere con él. Pero el blanco respeta al blanco —se aventuró a decir Calfú-Kurá.

—Don Justo no malonea en Buenos Aires.

—Quien ha mandado mucho, no vive mucho sin mandar —afirmó Calfú-Kurá.

—Sarmiento solo le pide que no ataque más el Azul y 25 de mayo.

—Sarmiento no pide, manda, quien pide debe dar.

—Tal vez contestándole la carta él comprenda que debe negociar de otra manera —dijo Solano.

—Ese hombre no merece la respuesta de un Piedra, declara su amistad pidiendo paz, pero solo quiere la tierra. Si pretendo conservar la tierra nunca podré darle la paz que reclama.

Solano se llamó a silencio. En verdad, Sarmiento, en su soberbia jamás pensaría que un pampa sería capaz de ponerle espías para enterarse de cosas de él que ni sus enemigos blancos conocían. Algunas eran minucias, como las mujeres que tenía, pero su pensamiento o conducta no. Por ejemplo, que había impulsado una ley de apropiación de tierras indígenas, que propiciaba la aniquilación del indio, que prometió correrlos más allá de los límites del río Colorado, que esta paz era solo la tregua que precisaba para salir del problema del frente paraguayo. Después se encargaría de las alimañas.

El jefe hacía la guerra en el Azul para conservar Carahué, porque si les cedía el Azul querrían luego Carahué y luego vendrían por Choele-Choel. Si le quitaban Choele-Choel ya no habría más araucanos en estas tierras.

—Mapuche ñi mapuche —dijo Calfú-Kurá.

El secretario construyó por su cuenta una traducción, que sería la siguiente: *La tierra de la gente para la gente de la tierra.*

—Gner, Solano mucho gner —afirmó Calfú-Kurá.

—Es la segunda vez en el día que me llama zorro.

—Vos ya sabes Solano, cuando uno ve claro las palabras están de más, por eso te estás volviendo callado como un mapuche.

En verdad el blanco usa sus palabras en forma más liviana que el nativo —respondió Solano.

—Quien debe mandar siempre saca las palabras de su

cabeza. Pero paz y amistad son palabras hechas para durar como las piedras, las palabras de piedra solo deben salir del corazón. Paz será la última palabra que los blancos tendrán de nosotros, porque una vez pronunciada solo querrán escuchar nuestro silencio. Y lo tendrán.

Capítulo 15
Amuillang (La Bellaca. 1873)

De historias, no de átomos, está hecho el universo.
(Muriel Rukeiser)

Solo de una forma entendía el poder Millaqueu y era el abuso, pensó Pereyra Carupán-Kurá, el sexto hijo de Piedra Azul, al escuchar la torpeza de su hermano primogénito al transmitir el pedido del padre de ambos al anfitrión, pero expresado como una orden perentoria y autoritaria. Así era Millaqueu. Y no escarmentaba, aunque luego debiera retroceder como un maula cuando las cosas amenazaban salirse de madre, como en ese momento. Claro, en su bagaje no existían la prudencia o el respeto. Fue por esto por lo que Pereyra Carupán-Kurá debió abandonar la contemplación y el inventario avieso del aduar en que se hallaban como emisarios de Calfú-Kurá, antes que la sangre voroga del jefe Juan Ignacio Cayupán se desbordara y decidiera cobrarse antiguas deudas en la persona de su hermano. Entonces, decidió tomar la palabra él mismo.

—Más allá de la evidente ofensa y del justificado enojo que nuestra torpeza le haya provocado, le pido, jefe, que conserve en su corazón la voluntad de entendimiento y de respeto hacia mi padre que siempre tuvo. La misma que él nos encareció hacia usted al partir. La que no hemos sabido cumplir.

La sonoridad y calma de la voz en la seguridad del discurso de Carupán-Kurá, serenaron al jefe Cayupán Y, además, llamaron la atención de su hija Amuillang, una potranca briosa y joven a la que nombraban la bellaca, que no debería haber estado tan cerca desobedeciendo las órdenes del padre. Pero era hermosa, soltera y princesa… era libre, fatalmente libre. La comitiva de los Piedra tenía un motivo que la llenaba de gozo, venían a reclamarle a su padre que entregara a una cautiva: Rosaura Godoy, la cristiana altanera que era su última esposa y madre de sus dos hermanos.

Cuando Amuillang salía del toldo, corrida por Cayupán, su padre, se llevó por delante a ese hombre que ahora hablaba, casi se fue de espaldas al suelo, nunca había sentido a nadie tan sólido, solo los horcones tenían tal firmeza. Tampoco tenía olor a mugre, grasa de yegua o alcohol. Era un Piedra, pero muy mayor para ella. No iba a ser segunda o tercera esposa de nadie, así se lo había hecho prometer a su padre.

Cuando el jefe Cayupán dio muestras de avenirse a un tono más conciliador, Carupán-Kurá se animó a preguntar por las causas de la negativa terminante a entregar la cautiva.

—No he sido afortunado con los hijos, ¿ve aquella chinita? Ella ha sido por años mi única descendencia

Fue entonces cuando Carupán-Kurá pudo apreciarla a su gusto. Los ojos traicioneros le brillaron de antojo, advirtió su hermano mayor, Millaqueu-Kurá.

—Cuando ya me encontraba resignado, hermano, esta cautiva me ha dado de pronto dos hijos varones.

Carupán-Kurá no pudo evitar que se le escapara un gesto de fastidio hacia su hermano, de haber preguntado se habrían evitado el enojo del jefe, además de la vergüenza de tener que dejar la solución del problema en manos de su padre. Su mente elaboró rápidamente una alternativa que se cuidó de no expresar, porque sintió que ya no era el momento propicio ni tenía la autoridad suficiente para respaldarla. Dedicó entonces un gesto de comprensión a su interlocutor sin dejar de observar a su provocadora hija.

Ningún hombre es tan pobre que no tenga algo de valor, reflexionó Carupán- Kurá para sí.

Luego de despedirse respetuosamente, Carupán-Kurá le pidió al jefe Cayupán una segunda oportunidad para negociar directamente con el gran Lonco, su padre Calfú-Kurá. Ya montado para el regreso, buscó con ansiedad y sin resultado a la muchacha entre la chusma. Pero cuando ya bajaban la loma que ocultaba los toldos se les apareció de repente, puede que con una calculada coincidencia. Carupán-Kurá, alborotado, taloneó su potro con rabia y lo hizo rayar casi sobre los pies de la muchacha.

Ella lo observó complacida, calculando hasta dónde sería posible hacerlo perder. Todo su cuerpo, su sexo, la sangre y las manos de Carupán-Kurá le exigían robarla. Pero pudo más su voluntad fortalecida por la mirada rencorosa de su hermano que ardía de humillación, y que era un presagio de seguras desgracias.

*

Pereyra Carupán-Kurá:

De algún modo se enteró mi padre de que el jefe Cayupán no nos entregó a la cautiva, por eso no fuimos recibidos por nadie a nuestro regreso. Envió a nuestros hermanos a sonsacarnos como comadres las causas del fracaso y a escuchar las mentiras con que habríamos de justificarnos. Después nos llamaría por separado a solas, entonces, presumiendo de adivino nos recordaría lo inútil que es pretender engañarlo. Todos sus hijos conocíamos esta rutina, éramos actores participantes de ella cuando estaba destinada a presionar a un tercero, con todo, era muy incómodo que ahora estuviera dedicada a nuestra torpeza. Él se daba cuenta de lo que sentíamos, nosotros lo sabíamos, a su vez notaba que lo sabíamos. Y así sucesivamente. De todas formas, era un juego efectivo y humillante, duro de sobrellevar para hombres de guerra. Quién de los dos debiera comparecer en primer término, sería según el parecer de mi padre el principal culpable.

No pude sentirme ofendido, mandó a Manuel a conversar conmigo, distinto hubiera sido que eligiera a Bernardo. Mi padre era largamente centenario, el tropiezo de un heredero bien usado era un bocado demasiado tentador para los hijos rezagados. Manuel tiene eso que las huincas llaman honor, no mentía ni fantaseaba, a veces, a lo sumo, especulaba. Además, se sentía muy por encima de Millaqueu en la consideración de mi padre. Eso le daba una seguridad que le permitía ser ecuánime, yo era menor que él, nada ganaba enfrentándome; pero podría ser, llegado el momento, muy útil de su lado.

En cambio, a Millaqueu le tocó lidiar con Bernardo. Eso me tranquilizó, se podía saber la opinión del Lonco sobre sus hijos de acuerdo con las tareas que les encomendaba: Millaqueu, solo era mercader de cautivos, Bernardo ni siquiera eso. Para la guerra solo tenía cuatro hijos, Catri-Kurá, Manuel, Reumay y yo. Para las cuestiones de Estado solo dos, Manuel y yo. Los demás no contaban, solo hacían número en su vanidad.

—La cristiana es su esposa, la madre de sus herederos. Millaqueu exigió sin preguntar, luego ya fue tarde para negociar.

Esto le dije a Manuel. La verdad, cuanto más breve, más contundente. Lo mismo le repetí a Catri-Kurá al día siguiente, cuando nuestro padre quiso ver si alguno de los dos, Millaqueu o yo, se pisaba. No obstante, nadie nos habló en dos días que no fuera enviado por él, ni siquiera nuestras mujeres o hijos. Al tercer día, cuando nos sintió lo suficientemente macerados en la culpa, nos mandó a comparecer. Primero a Millaqueu. Sé, porque todo se sabe, que habló demasiado ante el silencio impenetrable del Lonco. Y que no se calmó su miedo ni siquiera para dar por terminado su turno, aterrado, descompuesto, mi hermano se marchó por su cuenta sin dejar de acusarme. Es increíble lo torpe que vuelve el temor a Millaqueu. Es el mayor de los hijos de Piedra Azul, el más pobre de carácter y más negado de luces también. Solo para mentir e intrigar le alcanza su talento.

A mi turno soporté impasible el silencio demoledor del Toqui, sus miradas inquisidoras, sus gestos de dureza, advertí en el fondo de sus ojos el fastidio que le provocaba no poder confiar en mí, su amargura, su dolor. También un dejo de orgullo ante mi presencia de ánimo, que era capaz de soportar su dura autoridad. Cuando por fin habló para interrogarme, supe que ya tenía su perdón.

Será difícil que la entregue, ella es, entre sus pocos bienes, el que más valora. Lo supimos tarde. — le dije a mi padre cuando quiso escucharme.

—Me pregunto por qué. ¿No será que mi hijo mira otras cosas con más voluntad que su obligación? —me respondió ofendido mi padre.

—Dejé que Millaqueu se ocupara, él siempre es el encargado de negociar los cautivos —le contesté.

—Con los blancos, no con nuestra gente, sé bien lo torpe que puede ser. Para que no ofendiera lo he mandado a usted —insistió mi padre para corregirme.

—No será fácil sacársela. Llegó a confesarme que les cambió la forma de comer, de vivir, de curarse y hasta de limpiar —le aclaré.

—No pienso sacársela, solo quiero que se avenga a negociarla con los blancos. Vaya usted solo e invítelo a parlamentar. Que traiga a la cristiana con sus hijos. Todos.

Yo, Carupán-Kurá, tuve que marchar sin demora a cumplir con su encargo, con la sensación de que algo se me habría de atragantar muy pronto.

*

Amuillang:
Por nuestros bomberos supimos que venía alguien en solitario, por eso no hubo quién saliera a cortarlo. La silueta lejana de Pereyra Carupán-Kurá se dibujó a lo lejos, truncando el horizonte. Desandando el repecho que trae a nuestra aguada, se adelantó su sombra delgada y apenas insinuada por el sol del crepúsculo. Con el caballo al paso, pero caracoleando y pidiendo rienda, arrastrando la chuza como era necesario, pero aún en ese gesto de respeto se me antojaba alzado. Supe al reconocerlo que algo de mí había estado esperándolo. De lo contrario, ¿cómo explicarme el pecho alborotado?

Tampoco tuve ninguna duda del porqué de su vuelta, pero no dejó de asombrarme que se largara él solo. Los Piedra andan La Pampa como si fuera su campo. El Piedra pasó casi rozándome con su risa ladina, en ese overo negro que pisa provocando, cabeceándole al viento de puro consentido, que a veces pierde el paso y avanza atravesado, ebrio de vanidad, como su propio amo. Y se me fueron los ojos detrás de su estampa, como sujetados por un hilo de araña.

Cuando el Piedra llegó a los toldos echó la rienda al suelo, y el flete se plantó a pesar del cansancio, él le apoyó

El imperio del sol de mediodía

displicente la chuza sobre el lomo. Y entonces pude ver que el hombre traía encima mucha plata: en la rastra, el rebenque, en el facón cruzado, también en los repujes del chifle para el agua. Se me antojó que todo eso junto lo lucía para deslumbrarme, mi padre ya no estaba para estas vanidades.

Al final de las nuevas y amigables negociaciones del hijo de Calfú-Kurá con mi padre, y luego de que a este no le quedara ninguna posibilidad de negarse, partimos todos para Salinas grandes: mi padre, Cayupán, la cristiana, yo y mis hermanastros, junto a una escolta armada, es que ahora los blancos también se nos animaban cada vez más seguido. Marchábamos sin prisa, pero también sin pausa, a obedecer sumisos al señor de La Pampa. Cómo hubiera querido estar ahora, aunque fuera un momento, en las cuitas de mi padre.

*

El jefe Cayupán:

Yo soy Juan Ignacio Cayupán, luego llamado Pichi-Gner, hijo de Venancio Cayupán y Josefa Curú Ñancú. Lonco Pampa de sangre voroga, uno de los últimos que aún conserva dignidad, paisano pobre que a lo sumo puede alzar cien lanzas, y eso con mucho esfuerzo, reconozco que en mi vida estuve así embretado, tampoco tan decidido a hacerle frente, pues no habrá de quitarme a la cristiana solo con amenazas. Siempre se ha sentido dueño de mi vida desde que consintió mi mando a la muerte de mi padre, barrido como fue por la venganza de los vorogas chilenos que lo pensaron traidor de su raza por aceptar la protección de un Mapuche. Pero nada que se alzara en la tierra sobrevivía en aquel tiempo sin el permiso de Calfú-Kurá o de Yanquetrúz, mi padre pertenecía entonces al tantum de Rondeau, era inevitable quedar bajo su influencia luego de Masallé, la opción era la muerte. Tampoco he de decir que Piedra Azul sea injusto, bien sé que la negó cuando se lo he pedido en antes, eso es lo que me humilla, tener que hocicar otra vez por lo mismo. Como si en su pensamiento estuviera la idea que ya fue suficiente capricho, ¿cómo no puedo haberme cansado de tener siempre la misma hembra? Pero lo que el Toqui no puede o no quiere entender es que una mujer vale más, mucho más que un caballo. Y sé que jamás le tembló la mano a la hora del escarmiento, pero eran otros tiempos antes, también éramos muchos, muchos más que los blancos.

*

El Lonco Calfú-Kurá:
—Descuide, paisano, sé bien lo importante que es para usted la cristiana. Siempre les encargo a mis hijos cuando me quieren escuchar. No les vaya a suceder con las hembras como al pobre Cayupán —se ensañó Calfú-Kurá con el jefe Cayupán que se atrevió a desobedecer sus deseos.
—Pero esta vez la han puesto en una lista que debo completar, de no estar ella, de poco han de valerme todos los demás. Pero descuide, que yo mismo he de encargarme, una vez que hayan pagado el rescate, de volver a negociarla con ese ladrón de Rivas. Usted sabe, hermano, el blanco no

es como el pampa que sabe guardar lealtad a su gente, aunque haya habido ofensas mal resueltas entre nosotros. Pero eso es cosa del pasado, ahora estamos en paz y vemos de hacer negocios juntos como hasta hoy. Y más adelante igual. Fíese de mi palabra, esperaremos el regreso de mis hijos desde el Azul, que ellos tienen órdenes mías de no regresar si no es con su mujer. La pondremos en la fila solo hasta el recuento, luego simularemos que se ha escapado, ya lo hemos hecho otras veces. Además, para que este arreglo sea duradero y para no caer más en confusiones o dudas, le propongo mezclar nuestras sangres tomando a su hija como esposa. Cuando vuelvan los míos haremos todo de acuerdo con las costumbres y tendremos gran festejo con el pago del rescate de los cautivos.

*

Amuillang:
Al final, yo he sido el precio que ha pagado mi padre por poner en vergüenza a los hijos de Piedra Azul, su rencor se ha puesto más fino con los años, que son muchos, más de ciento quince me han dicho, y que tiene más de treinta esposas también. Pero me han consentido en todo durante la espera, hasta en el catre de tientos que pedí, pues Rosaura tiene razón, dormir en el piso es cosa de animales. Cuando regresaron los Piedra con el rescate, mi madrastra y mi hermanastro, se simuló el rapto, armándose luego la gran celebración.

Carupán-Kurá guardó silencio, además de mantenerse distante, pero en medio de la matanza de animales. Le aparecieron cinco potros degollados a Millaqueu, sus dos de andar y otros tres que tenía para alquilar en los malones. Al primogénito de Piedra Azul lo han dejado a pie y esa es la peor ofensa que se le puede hacer a un pampa. Claro que con tanto borracho suelto jamás hallarán al culpable. En el medio de mi desasosiego tuve el consuelo de saber que para Pereyra Carupán-Kurá valgo más que un caballo.

*

Rosaura Godoy:
—¿Eres tú, hija, Rosaura Godoy?
—Cuando el cura me lo preguntó tomándome la barbilla para verme los ojos, caí en la cuenta de que el oficial ya me había llamado tres veces con esa soberbia militar tan chocante, tan grosera e inútil, como si el mérito de tenernos de vuelta en el cuartel fuera propio y no la voluntad de Calfú-Kurá. Aferrado a esa tozudez atávica de ponernos en fila y numerarnos, como si de ello dependiera el hecho de que pudiésemos conservar la cordura, recuperar la identidad, borrar el tiempo transcurrido desde que fuimos cautivados, el sufrimiento padecido y la vergüenza de seguir vivos.

Fue extraño escuchar mi nombre otra vez en boca de un cristiano, tan extraño que dudé sobre si realmente me llamaran a mí y no a otra Rosaura Godoy, alguna que no debió ser como yo, durante quince años, llamada simplemente la Baya, yegua Baya, bruja Baya o perra cristiana, dependiendo de quién pretendiera mi atención. Solamente tres personas me llamaron Rosaura a secas, mal pronunciado, con la erre alargada: Cayupán, su primera esposa Millaray y su única hija Amuillang, a la que llaman la bellaca. La avaricia de Millaqueu quiso hacer venir a mis dos hijos a presentarse en la formación. Cayupán primero pidió y después rogó al Lonco Calfú-Kurá lo contrario.

—Hermano, si algo sale mal me he de quedar sin nada.

Así logró el padre de mis hijos retener a su lado a Juan Ignacio, el mayor. Tardó mucho en despedirnos el jefe Juan Ignacio Cayupán, mucho más que lo aconsejable a su dignidad de líder y a su calidad de macho. Por piedad o cariño sequé las lágrimas que caían por su cara, no quise que él mismo tuviera que hacerlo adelante de los Piedra, al fin de cuentas, el amor inconfesable y vergonzante de este hombre vencido, mis dos hijos, es todo cuanto la vida me reservó.

—Si eres tú, hija, dile presente al oficial —repitió el cura.

No pude evitar que volviera a mi mente el recuerdo de las últimas veces que escuché a alguien llamarme hija. Fue mi padre al morir, tratando de evitar que me robara el malón. Cuánto amor, cuánta angustia había en su voz, se moría de una herida atroz, pero su pena era la desdicha que le esperaba a su hija. Es increíble pensar que alguna vez importé tanto para un cristiano.

—¿Eres tú, hija? —insistió el cura.

Escucho la palabra hija y me rebelo. ¿Con qué autoridad, con qué título, este idiota lustroso y cebado como un gato capón se animaba a llamarme hija, a ponerse por encima de mí o de mi padre? He vivido y sufrido el doble que él, he tenido dos hijos en las peores condiciones y los he criado. Yo puedo ser su madre. Madre, así debería llamarme él a mí.

—¿Eres tú, hija? Contéstale al oficial.

Así lo hice.

—Martiniano Godoy —gritó el milico mirando a mi hijo menor.

—No soy guacho, cristiano, mi nombre es Martiniano Cayupán.

El milico ofendido se le vino encima montado en un moro de fantasía, entonces pude observar cómo mi hijo, por puro reflejo, echaba un pie atrás y abría los brazos emponchados. Al ver la imagen del chico crecer de golpe el animal se espantó y casi desmonta al jinete. Si Martiniano hubiera tenido una tacuara en la mano, en ese mismo momento el oficial estaría desmontado, si esa tacuara tuviera chuza sería finado y estaría clavado a La Pampa justo por el cogote. El milico tomó el latón para darle un planazo en la espalda a Martiniano, pero el cura paró el golpe con la mano y adujo en su defensa que era solo un chico criado entre salvajes. Pero mi hijo y el milico se sostenían la mirada con rencor. Martiniano no veía en el milico un salvador sino a un enemigo. Y el milico no veía en mi hijo un cautivo sino un pampa irrecuperable que lo odiaba. Martiniano era solo un chico, pero conocía muy bien el arte de matar y el respeto de no hacer alharaca estando en ventaja. Yo había visto crecer a mis hijos jugando con las tacuaras a degollarse, se rozaban el cuello con una precisión de cirujanos, me disgustaba, lo admito, pero sabía bien cuáles eran los pensamientos de Martiniano.

Juan Ignacio, el mayor, es morocho como su padre, más frío, más cerebral, menos impulsivo, pero igual de peligroso. Algún día será jefe, así lo presiente su padre, Cayupán dice que el mayor es él mismo viejo. Martiniano es él también, pero joven. Le tiré a mí hijo con ternura y disimulo el pelo amarillento como el mío (aún no lo llaman el Bayo) para calmarlo, para indicarle que con eso ya estaba orgullosa de él, que no era el momento. Solo nos quedaba esperar el instante de marcharnos sin ninguna pena, él acababa de despejar todas mis dudas y mis tenues nostalgias.

*

Amuillang:

Cuando regresaron los Piedra del pueblo de Azul, con el rescate de los cautivos y la cristiana Rosaura, la segunda mujer de Cayupán, mi padre, toda la ceremonia del casamiento se consumó de acuerdo con los deseos de Calfú-Kurá. Ceremonia y la fiesta duraron tres días largos, hasta que, por fin, el alcohol y la sangre caliente bebida del cogote de los animales moribundos se agotó, todo el festejo terminó y hubo que esperar a que se les pasara la resaca a los hombres, siempre con el hembraje alejado a prudente distancia. Entonces, Cayupán, mi padre, regresó al pago con su mujer cristiana, a la que tan cara ha pagado, si acaso mi padre pensara que yo soy un precio alto. Y me encontré, a mi pesar, dispuesta a ser la esposa del anciano Lonco.

A solas, su hijo Carupán-Kurá me encargó que cuando su padre me visitara pusiera gran empeño y paciencia, que tratara de dormirlo en mis brazos hasta la mañana, que nada se acordaría ya, pero que le agradaba sentir que aún seguía siendo toro. Así lo hice tres noches seguidas, pero qué podría el hombre tan cargado de años a pesar del entusiasmo, creo que sentir la cálida desnudez de un cuerpo joven contra su cuero viejo era el único placer que buscaba, después simplemente me olvidó, como a todas.

Así fue siempre la cosa con el Lonco, pero una noche un atrevido se me subió en el catre sin avisar. Monté y fui montada, fui la yegua desbocada y el jinete implacable, supe por fin lo que es andar cabalgando a La Pampa sin límites. Aprendí lo que es el miedo y el coraje luchando por vencer, agonicé dulcemente. Morí y reviví en sus brazos muchas veces, supe lo que se siente después de la batalla, presentí que su ponzoña me había envenenado.

Mi vida aquí no es ni buena ni mala, no se pasan privaciones en el toldo imperial, aunque extraño la querencia y mi antigua libertad, todo es muy retorcido entre tantas mujeres. El jefe no ha vuelto a visitarme desde que me supo preñada, pero se me ponen las cosas difíciles cuando se ausenta, no quiero pensar cuando vaya a la guerra. Pero yo soy montaraza y me marcho al arroyo a lavar mis trapos. Viví bastante asustada cuando se acercaba el nacimiento, no por la parición, sino por la reacción de Piedra Azul, acá la vida recomienza con el día y nunca se sabe si habrá de concluir en paz y si después del que se vive habrá otro día, pero cuando Calfú-Kurá vio al chico de pelambre azulada, ojos negros como la noche y llanto rencoroso cuando no hallaba el pezón, sonrió complacido y me dijo:

—Es un Piedra.

Pero un día el Lonco acompañó a sus hijos a bolear avestruces, cuando volvían montó el overo de Carupán-Kurá para regresar al toldo. Al entregarle las riendas, muy cerca de mí, le dijo a su hijo:

—Tome y sepa que a mí también me gusta andar montando ajeno.

Al escucharlo me asaltó un presentimiento. A la vez siguiente pregunté a mi visitante si era Carupán-Kurá, pero jamás obtuve ninguna respuesta, ni esa noche ni las siguientes, que fueron muchas.

Mis días en el toldo fueron un tormento constante entre tantas esposas resentidas. A punto estuve de irme, pero pensé en la desgracia que caería sobre mi padre, entonces decidí aguantar, fue un gran error y no tardaría en comprobarlo.

En el verano los Piedra se fueron a la guerra. El Lonco, con gran esfuerzo, pudo volver a reunir sus míticas seis mil lanzas, pero haciendo venir regimientos chilenos. Con una excusa baladí como remediar un atropello, ejerció el arte que más disfruta: la venganza.

Logró reunir un botín fabuloso, pero por conservarlo cometió un error, tal vez el primero de su vida militar: dividió sus fuerzas. Quizás Piedra Azul no quiso que los chilenos tuvieran que pelear en una tierra que consideraba propia, lo cierto es que los mandó de vuelta custodiando los arreos que debían negociar en su nombre. El coronel Rivas, después de buscarla mucho tiempo, encontró al fin su oportunidad, contó con la traición decisiva de Cipriano Catriel y la ayuda de las carabinas fulminantes, ya no era posible a nuestros paisanos irse al humo como antes. Es triste la derrota, sobre todo para conocerla tan viejo.

Fue un golpe tremendo para la corte salinera, el aura invencible de Calfú-Kurá se había roto, ese era el talismán que sostenía el imperio. La desazón primero y una inseguridad omnipresente después descendieron para siempre sobre Chilihué. Para colmo, enfermo de tristeza, agobiado por presentir que su imperio moriría con él, una noche de invierno se detuvieron para siempre los dos corazones del gran jefe.

De pronto, al verme viuda, aluciné con el fin de mis pesares, pero aún me quedaban muchas angustias por vivir. Durante los funerales, aparte de quemar sus pertenencias, incluido el toldo, sacrificar todos sus animales, perros, caballos, vacas, como era de uso, recordó Millaqueu una costumbre ya olvidada, que era matar también a las esposas de un gran Lonco, con el mazo o directamente enterrándolas vivas a su lado. Fueron dos jornadas de espanto, donde maldije mil veces no haberme escondido como mandó mi padre aquel infausto día en que llegaron los Piedra. Carupán-Kurá me ofreció encargarse del chico, entonces supe, sin que me quedaran dudas, quién era el padre de mi hijo.

Finalmente, ya sea porque entre las que debían morir estaban también las madres de los herederos o porque fue el primer modo de avisarle a Millaqueu que nunca sería jefe, nos salvamos casi todas por la sombra de un pelo. Fue entonces que Carupán-Kurá me tomó entre sus brazos en medio del llanto y me llevó a su toldo, entregándome a su primera esposa, la mujer que sostenía a mi hijo.

Mientras el fuego arde adentro de la ruca, siento estallar las brasas asustadas del viento, suelo mirar el sol apagarse en las tardes, mientras el bicherío va cayendo al arroyo, algunos a beber y otros por alimento. Los campos que eran verdes se han puesto amarillos y el frío nos retorna en nuestro pensamiento, caigo en la cuenta de que antes yo no veía estas cosas. Suelo pensar bastante en los destinos de mi padre y el mío, entonces me convenzo de que es inútil bellaquear cuando te echaron el lazo, porque siempre se termina girando en derredor de quien lo sostiene, en nuestro caso Calfú-Kurá. Pero, aunque nunca lo supo y acaso esa fue su gloria, él también correteaba con la cuerda que le daban los blancos, hasta que lo hicieron rodar junto a todos nosotros.

Presiento que el tiempo de la ventura ya se terminó para siempre, que día a día nuestra vida será peor. Y es tan propicia para el cálculo esta sospecha, que no puedo evitar preguntarme quién sujetará el lazo que hace danzar a los blancos.

Capítulo 16
Gününa-ken (Tehuelche)

Serás lo que debas ser, o si no, no serás nada.
(José de San Martín)

Juan Catriel nació en La Pampa como todos sus ancestros hasta remontarse a los Incas. Y vio en ella sucumbir a los últimos querandíes comedores de pescado, vio a los vorogas de Carú-Agé mestizarse con sus paisanos y convertirse en ranqueles, vio llegar a los pehuenches, los huiliches, los mapuches, en resumen, vio a su tierra volverse araucana. Soportó el dolor de sentir su idioma caer en desuso y sus costumbres en el olvido, a sus dioses trastocarse y claudicar: Elal, que hizo con tierra al hombre y luego se la entregó, Elengásen, padre de su raza, dueño y creador de los animales, de las plantas y de todas las cosas vivas. Fue testigo del esplendor y la caída de grandes caciques: Yanquetrúz, Rondeau, Cañuquir, Cayupán. Y de muchos toquis, tanto o más grandes que él. También fue testigo del ascenso y el ocaso de Juan Manuel de Rosas, de quien fue un aliado incondicional, el único cristiano que nunca lo defraudó. Pronto entendió que el blanco jamás dejaría de empujar, pero el Azul y las sierras Bayas eran su pago, allí se habría de quedar, ahí clavaría las guampas, sus huesos se harían tierra en ese lugar, como los de sus padres y los padres de sus padres.

Por eso entendió que, a veces, es necesario negociar, aunque sin demasiado compromiso para no traicionar; sin demasiado entusiasmo para no ceder de más y sin demasiado desinterés para no ser recelado. Pero solo en caso de que la amenaza sea muy grande, sino lo mejor es pelear, aun sabiendo que se va a perder, esa es la mejor forma de ser respetado.

Siempre las amenazas fueron ominosas para Catriel, por un lado, los milicos a un paso de sus toldos, por el otro el emperador Calfú-Kurá detrás de las Salinas Grandes.

Cachul, Manuel Grande y Chipitrúz, son los caciques de su misma sangre que se encuentran en igual situación, todos ellos son el colchón que amortigua los choques entre Piedra Azul y los blancos. Ellos también comprenden que, dado el momento actual, lo mejor es la paz, porque el blanco se las lleva ganada de antemano y no siempre se va a poder vivir del pillaje. Tal vez un día, sin los jefes de frontera como Rivas o Elía, se pueda convivir con los vecinos en paz. Pero entiende que ellos también, como los blancos, deberían saber multiplicar los rodeos, engordar, cuerear, salar y sembrar. Y Catriel sabe que eso es demasiado para hombres que han derramado sangre, que es mucho el camino que hay que desandar.

Fueron recolectores y cazadores cuando eran tehuelches, pero en antes no había caballos, desde que los hay son pampas. Por eso se cuida de inclinar la balanza hacia uno u otro lado, en el medio está la vida, volcándose hacia los lados solo ha de hallar abismos. Si la paciencia le dura más allá del tiempo o de la urgencia, verá el camino despejado, cuando la tensión es mucha siempre alguien comete un error.

Así logró Catriel el viejo morir con esperanza, apagarse en libertad. Corría entonces el año 1865, lo sucedió en el gobierno de sus bandas Cipriano Catriel, su primogénito. El hijo llevaba el don de mando en la sangre, en los gestos y en la mirada. Altanero, bien plantado, corajudo, astuto y decidido, odiaba perder, el aroma de la derrota lo tornaba temerario, genial e inescrupuloso. Cipriano, en resumen, nació para mandar. También amaba la vida del blanco: sus ropas, sus comidas, sus casas, sus mujeres perfumadas, el agua florida, la vanidad de los bailes, el lujo de las fiestas y la ostentación de la riqueza.

—Indio ablanqueado —lo titulaba Calfú-Kurá con desprecio.

Cipriano pronto percibió que el oro daba igual o más poder que las lanzas, pero se encontró con el mismo impedimento que su padre: su poder eran sus bravos, pero éstos no sabían trabajar.

Estanciero, como le contó su padre que era Rosas, eso se

soñó Cipriano más de una vez. Dueño de tierras y saladeros, de hombres y de haciendas, señor de chuza y cuchillo, de uniformes, divisas, sedas y minués. Para colmo, sus paisanos Gervasio Chipitrúz y Manuel Grande se enriquecen en sus narices imitando una de las tantas virtudes del blanco, consumir lo necesario, preservar el excedente, tratar de multiplicarlo y ejercer la previsión. Demasiado insulto para un hombre que nació para brillar como Cipriano. Hay formas y formas de ser blanco, una es ser estanciero o bolichero chupa sangre, acaso la más triste es ser gaucho. Pero hay otra, ser ave de presa como él; ladrón, violento y resentido, o sea, ser milico. El comandante de la frontera de Azul, el coronel Elía, hacía rato que, como Cipriano, venía tasándole las manadas de vacas a Manuel y Gervasio, por eso le calzó perfecto el guante con la propuesta de Cipriano.

Pero no eran un bocado fácil de masticar los caciques, casi se atraganta para siempre Cipriano Catriel, así cuando ya no le quedaba más que la disparada, el coronel, asumiendo su catadura de inmoral absoluto, convirtió al ejército de línea en cómplice de robo y asesinato. Claro que no calculó las cosas: los saqueados en desgracia fueron a pedir el amparo del coronel Juan Carlos Boerr, quien poseía la máxima integridad que permitía la frontera en la Comandancia de General Paz. Sarmiento recibió dos informes del incidente: uno de Boerr, con la verdad de los hechos; y otro de Elía acusando a los perjudicados de rebelión, el presidente conocía bien el valor de cada uno de sus dos coroneles, le creyó al primero, pero actuó de acuerdo con el segundo.

Corría el año 1871, había concluido la guerra del Paraguay y el grueso de las tropas sobrevivientes estaban otra vez en suelo patrio. ¿A qué andar con miramientos o arreglos humillantes con salvajes? Entonces, Boerr, a pesar de tenerlos bajo su protección, debió desarmar a los tehuelches perjudicados con engaños, entregarlos prisioneros bajo el cargo de rebelión y verlos partir hacia Martín García encadenados, donde se extinguieron diezmados por las pestes, sin asistencia ni consuelo. Y la segunda mal calculada fue que ninguno de los involucrados contaba con que en la Pampa había leyes de hermandad selladas con sangre, esas leyes las dictaba un juez implacable.

*

La Verde, 5 de mayo de 1872
Gobierno de la Confederación de Salinas Grandes.
Le informo que en la fecha me he venido sobre el Azul con mis regimientos a dar escarmiento y cobrarme la gran picardía que me han hecho con Gervasio Chipitrúz y Manuel Grande...
Juan Calfú-Kurá, Cacique General

*

Pero el juez no se iba a poner en tantas molestias gratis. Aprovechando la volteada decidió arrear con todo lo que encontró a su paso: unas cien mil vacas, treinta mil equinos y cincuenta mil ovejas. Bagatelas, comparadas con la destrucción sembrada en vidas, aproximadamente trescientos muertos y quinientos cautivos. Y devastación en 25 de Mayo, 9 de Julio y General Alvear, todas reducidas casi a ruinas por el saqueo y el fuego.

Había que darle a Sarmiento una medida del respeto que debería tener. Pero al hombre más advertido los pollos se le hacen gallos. Y el coronel Rivas era un gallo: ladino, rencoroso, oblicuo, brutal, ladrón y mendaz, pero celoso de su gallinero. Pronto entendió que la honra de un jefe de frontera luce menos que tirar margaritas a los chanchos, que perder la decencia es parecido a la virginidad, la primera agachada duele, la segunda no tanto, la tercera menos, a la quinta ya no se siente nada. También que ser milico es una raza, no te quiere ni tu hijo por más esmero que uno ponga, porque en verdad nadie que se crea capaz o se respete a sí mismo acepta calzarse dentro de un uniforme, colgarse el latón en la cintura, atropellar sin más razón que las armas y tolerar ser atropellado.

Pero en la vida hay un tiempo para todo, al coronel Rivas hace rato que no lo aqueja la conciencia. En su gallinero él decide quién suda y quién medra, quién cacarea o quién empolla, en qué palo duerme cada uno y quién se caga en el otro o quién se aguanta cagado hasta que amanezca. Ningún indio de mierda, por más fuerte y señor que se crea, va a llevárselas de arriba.

Rivas ya cargaba con dos derrotas a manos de Calfú-Kurá: 1855 en Sierra Chica y 1857 en Tapalqué. *La tercera es la vencida*, se animó a sí mismo.

No hay dos sin tres, se dijo Piedra Azul cuando le informaron que el coronel ya estaba en Azul, listo para salir a cortarle la retirada.

Escarmentar de una buena vez a ese salvaje, sí. ¿Pero

con qué? Rivas tenía a su mando solo doscientos hombres de línea y unos doscientos milicianos de caballería. Una cosa es masticar vidrio, otra muy distinta es tragarlo. El soberano envalentonado ya había avisado que venía con seis mil lanceros. Para colmo se recibe un chasqui con noticias de Boerr donde explica que se encuentra sitiado en el fuerte de San Carlos por mil hombres. Extraña conducta la de Piedra Azul, no va por Rivas o Elía directamente, pero a Boerr intenta masacrarlo. ¿Acaso rompía este oficial el molde preestablecido que el Toqui tenía del cristiano? ¿O acaso habrá que preguntarse si los otros serían afines a su proceder?

Pero esta es la tierra de la improvisación. Y siempre aparece en estos pagos un idiota útil que nos saque las castañas del fuego. ¿Para qué le inflamos la vanidad a Cipriano Catriel, nombrado por Sarmiento Cacique General, permitiéndole que en las fiestas patrias luciera su uniforme de General de División, siendo incluso saludado por oficiales del ejército como tal?

—Pues bien, hermano, así son las cosas. En esta emergencia crucial para la patria solo podemos contar con usted. Además de los doscientos lanceros de Coliqueo que a mi llamado ya están llegando —dijo Rivas.

—Compadre, verá usted que mis hombres son capaces de portarse como cristianos en la batalla —respondió Cipriano.

Lo justo es justo. Todo lo que tenía de miserable Rivas lo tenía también de cojonudo, con esas fuerzas marchó al encuentro de Calfú-Kurá. Con esas fuerzas logró eludir el combate con el grueso de las fuerzas del Toqui, flanqueándolas hasta llegar a San Carlos, para introducirse como una cuña entre las fuerzas del Cacique y el coronel Boerr hasta lograr rescatarlo.

Pero a Cipriano, no bien salido de los toldos, al enterarse hacia dónde marchaban y contra quién, se le sublevaron los hombres. Para restablecer su autoridad debió degollar a unos cuantos cabecillas. Con eso contaba también Piedra Azul, lo que no esperó es la definitiva decisión de Cipriano, su suerte estaría ligada de ahora en más y para siempre a los blancos, jamás volverían a depender sus decisiones de un mapuche. Formalizada la batalla, cuando el tehuelche Cipriano Catriel vio recular a sus hombres pidió al coronel Rivas cincuenta tiradores.

—Rápido, compadre, o acá dejamos el cuero.

Rivas y Boerr, que no lograban hacer pelear a los lanceros de Coliqueo, al recibir la solicitud no pudieron menos que admirar la decisión de Cipriano, ya que hasta la desvergüenza tenían los guerreros de Coliqueo de fingir no poder dominar sus cabalgaduras.

Dada la desproporción, era este un combate puramente defensivo para las fuerzas nacionales, pero nada era más ajeno a los ánimos de Cipriano Catriel, había venido acá con la idea de hacer un daño irreparable a Calfú-Kurá. Se iría de San Carlos consumado e indiscutido general de la Nación o nuevo rey de La Pampa. Previendo los problemas que enfrentaba Rivas, había hecho desmontar a seiscientos de sus bravos, reservando la flor de la caballería para disponerla en el momento que se formalizara la batalla bajo su dirección personal. Pero sus hombres se fingían vencidos antes de luchar. Por eso pidió los tiradores para fusilarlos y obligarlos a pelear.

Calfú-Kurá, al ver esto sonrió y cometió entonces el error imperdonable del Taita. Ordenó a su hermano Reuque, comandante del ala que enfrentaba a Cipriano, desmontar a sus hombres con el único fin de humillar al tehuelche. El que festejó al ver esto fue Catriel.

—Ya verás, viejo inmundo, lo que te va a costar la compadrada.

A las órdenes de Domingo Reboución, recibió Cipriano sus cincuenta tiradores, entonces los formó detrás de sus líneas y comenzó a fusilar sin piedad a los que retrocedían de la batalla, esta decisión inesperada de su jefe empujó inevitablemente a los tehuelches a la pelea. Una vez derramada la primera sangre, todo se desencadenó: los araucanos enardecidos por la traición y los tehuelches recordando que antes de la llegada de Piedra Azul La Pampa era toda propia. Eso era cuanto Catriel esperaba, ordenó a Reboución persistir en la vigilancia y marchó a lanzarse, al frente de su caballería, a morder sin miramientos los flancos de Reuque. Logró diezmarlos, quebrarlos y ponerlos en fuga. Cuando buscaba de trofeo la cabeza del hermano de Piedra Azul, llegó Rivas a interrumpirlo con un abrazo emocionado para pedirle su caballería.

En el centro el coronel (correntino), Nicolás Ocampo, (no es esta una acotación de tono menor tratándose de agallas), aguantaba como podía con apenas doscientos veinte hombres las arremetidas de los mil lanceros de Catri-Kurá (segundo hijo y primer comandante de Calfú-Kurá). Al notar esta debilidad evidente en las líneas enemigas, Piedra Azul ordena a su hermano Reuque reagruparse para marchar, apoyado por las reservas ranquelinas al mando de Epuguor, para romper el centro en ayuda de su hijo. Pero antes llegó Rivas al mismo lugar con los catrieleros envalentonados, porque sabían que estaban aguantándole el cimbronazo al gran señor de la guerra. Entonces, el ala izquierda de los nacionales al mando de Boerr y Levalle, ya sin esperanzas y a punto de sucumbir a las embestidas de Manuel Namún-Kurá (tercer hijo y segundo comandante), retoman bríos para ofrecer una demostración de audacia, corren hacia el centro en auxilio de sus camaradas y logran salvarlos.

Inútil es tratar de saber con precisión qué decide a un hombre invicto a aceptarse derrotado cuando aún conserva tres mil hombres en el campo de batalla, regalándole la victoria a un enemigo que solo presenta mil. Una forma sería tratar de entender que Piedra Azul contaba sus muertos sabiéndolos pérdidas irrecuperables. Puesto que la población araucana estaba en remisión y era este, más que el rescate a cobrar, el motivo del cautiverio de las mujeres blancas, ya muchos caciques y guerreros eran mestizos o directamente blancos (eso se sospechaba de Pincén).

Ninguna victoria por deseada que fuera justificaba poner en peligro la raza. Por eso, para el bárbaro un diez por ciento de bajas era una catástrofe. En cambio, para los civilizados el cien por cien era un precio lógico. Pero hubo algo que no alcanzó a valorar el emperador, acababa de permitir que se evaporara su aura mágica, el mito de ser considerado invencible. Quizás nunca llegó a mensurar en vida cuán importante era esto para su nación.

Cuando al poco tiempo Cipriano recibió la noticia de la

muerte de Calfú-Kurá tuvo tres opciones: llegar a un arreglo con su heredero Namún-Kurá, desplazando para siempre a los ranqueles del privilegio en las alianzas; tratar de resolver mediante acuerdos con Cachul, Coliqueo, Raninqueo y Calfucir la inexplicable dispersión en que se hallaba la nación tehuelche, dándoles una dirección única al estilo araucano para enfrentar al hijo de Piedra Azul y dirimir a su favor la supremacía pampeana; y la tercera era sentirse blanco en forma definitiva. Sin nadie que se atreviera a ofrecerle un espejo eligió esta última, la más nefasta.

En el año 1874 Cipriano permite que una misión instale en sus tierras una modesta iglesia, además de la casa de los sacerdotes, con el fin de convertir al cristianismo a su gente. Sarmiento termina su presidencia y asume Avellaneda, otro gobernador de la provincia, otro ministro de defensa, otros jefes militares y otra política de fronteras. Cipriano se queda sin apoyo político en medio del odio de sus paisanos.

Pero la fortuna es una hembra que solo le sonríe al macho de valor. A raíz de una pelea miserable entre las fuerzas de Alsina y Mitre, pretendiendo los primeros fraguar los resultados de la elección de la provincia de Buenos Aires y así concretar un fraude a favor de sus diputados en el congreso nacional (una disputa por completo ajena, que en todo caso estaba lejos de entender), fue la oportunidad de Cipriano para recomponer su posición, al ser tentado por su antiguo jefe en San Carlos, el general Rivas, para levantarse a favor de Mitre y en contra del gobierno nacional.

Sin embargo, el hombre ya venía con la montura ladeada, Avellaneda, al igual que Sarmiento no era hombre de tolerar revoluciones, aunque las encabezara alguien del prestigio de Bartolomé Mitre. Se despachó para sofocarla al coronel Luís María Campos, que logró alcanzarlo en Junín, cuando Mitre ya se retiraba en medio de grandes pérdidas, después de varias sangrientas e inútiles arremetidas contra las fuerzas de un desconocido jefe de milicias llamado Inocencio Arias. Para ser justos, Mitre se sumó a la revolución por lealtad a sus partidarios, pero nunca creyó en ella, además, ya comenzaban a pesarle los años y la sangre de tantas batallas, por eso capituló entregándose prisionero.

Esto fue la catástrofe final para Cipriano, sus hermanos Juan José y Marcelino le dan un golpe de Estado desalojándolo del poder. Cipriano es juzgado y condenado, muere ajusticiado a chuzazos por los mismos hombres que no había dudado en sacrificar a su ambición. La sangre no es agua, toda sangre se paga. Queda la memoria de su patético alegato final:

—Indios de chusma y lanza: ustedes quieren matar a su cacique mayor y comandante general de las pampas, llamado por el presidente Sarmiento Cacique General con el grado de General de División. El gobierno que tengo lo heredé de mi padre, Catriel el Viejo, que lo recibió del dios de los Incas. En 1872 se nos vinieron encima todos los araucanos, que cubrían la tierra hasta llegar a opacar la luz del sol con la polvareda de sus caballadas, temblaron sus corazones lo sé, pero para eso estaba al frente de ustedes yo. Hice todo cuanto Dios me ordenó para devolverles la confianza y el valor que siempre debe conservar un tehuelche. El general Rivas no tenía más soldados que ustedes, los indios de Catriel, entonces salimos de los campos de las

Nieves con ochocientos bravos y algunos capitanejos flojos que tuve que degollar por no estar a la altura de su sangre, hasta el campo de San Carlos. Allí peleamos a caballo y a pie, a lanza y bola contra el invencible Calfú-Kurá. Yo mandaba la derecha y le dije al general Rivas: Ahora va a ver, compadre, por primera vez, pelear a los indios de a pie. Y en seguida derrotamos a Calfú-Kurá, entonces vino el general Rivas y me abrazó delante de todos y me dijo que me había portado como un general argentino y que me había ganado las presillas de oro que hoy me robó mi hermano Juan José, indio flojo y traidor. Atropellen y no me vayan a errar, porque cuando vuelva a tomar el mando de la tribu los haré fusilar como en San Carlos.

Demasiadas palabras para quien siempre presumió de valiente, aunque en verdad lo fuera, demasiado arrogantes para quien debe suplicar, demasiado torpes para quien debe tanta sangre hermana, y, para quien, su mayor oportunidad es aspirar al olvido.

Ya en el poder, su hermano Juan José implementa la antigua política de Catriel el Viejo, ni con los unos, ni con los otros, es decir, donde más convenga. Aún le queda tiempo para volver a malonear a los propios vecinos de Azul (que su hermano Cipriano respetaba), en alianza con Namún-Kurá, y para darse el lujo de engañar al ingenuo ministro de defensa, Adolfo Alsina, en un tratado que jamás pensó cumplir. Pero este ministro desafortunado y torpe, que ya sentía cómo un ambicioso jefe de las tropas de línea (Julio Argentino Roca) se medía el traje de su ministerio y se sentaba en su silla antes de tiempo, le lanza en represalia al comandante Winter, el resultado fue casi un genocidio anticipado. El golpe final se los dio el coronel Teodoro García en noviembre de 1877. Juan José y Marcelino son hechos prisioneros, se los lleva Buenos Aires, donde se los mantiene engañados con honores y agasajos, entre otros, un pomposo bautismo cristiano en la iglesia del Pilar, mientras en Azul, el ejército dispersa o aniquila lo que queda de sus bandas.

Cuando en 1878, Julio Argentino Roca emprende la tercera campaña del desierto poco importan las alianzas del pasado, ahora en La Pampa todo lo que se parezca a un indio debe ser eliminado. Los últimos tehuelches catrieleros del campo de las nieves, en Azul, fueron trasladados a una colonia al sur del río Colorado recién en el año 1903, ocho años después las tierras de los tehuelches eran rematadas y los pocos sobrevivientes entregados como mano de obra barata o en calidad de "protegidos" a los mismos estancieros que antes agasajaban y consentían al heroico Cipriano en los desfiles patrios.

Capítulo 17
El rencoroso adiós

*La calidad de tus enemigos hablará mejor
de ti que las palabras.*
(Proverbio árabe)

Ya se sabe que La pampa tiene tres reyes. El primero, el más generoso, cruel y alto es el sol. Después le sigue en antigüedad e importancia el viento, quién con su tenacidad a través de los siglos la modificó a su antojo cuantas veces ha querido, desparramando en ella el fuego que mata, el agua que bendice, la simiente que da vida y tolerando la invasión de las vacas y los potros que trajeron los blancos cuando llegaron un día cabalgando los ríos, esparciéndolos, multiplicándolos en toda su vastedad y esmerilando con lentitud la voluntad y el carácter de los hombres que se atreven a pisar sus dominios, haciéndolos desistir. El tercer rey fue Calfú-Kurá, quien sostuvo con el viento una enconada disputa durante su larga vida.

—He llegado aquí para quedarme.

Ese fue el primer desafío humillante que el viento debió soportar del señor de los hombres. El segundo fue, si se quiere, baladí. Siempre le había sido indiferente el tiempo, pero impaciente de borrar a ese ser de La Pampa aprendió a contar los años.

—Visitaré las cuencas vacías de tus ojos cuando sobre esta tierra nada quede de ti, ni el recuerdo —amenazaba rencoroso el viento en los oídos del jefe, cuando éste salía a enfrentarlo por puro placer, montado en un potro al que vendaba los ojos.

—Socavaré la tumba que guarde tus restos, gastaré tus huesos hasta convertirlos en polvo, menos que eso, los transformaré en aire, jugaré con ellos hasta disolverlos. Borraré tu memoria de los campos que hoy me usurpas, migaja en el tiempo, eso eres; luego, nada.

Soplaba fuerte el viento en el momento que murió Calfú-Kurá, frío, como suele vestirse en invierno, como en la noche última. Sacudía ansioso los toldos de su ruca queriendo enterarse. En la hora suprema el anciano no lo escuchó, quizás sin proponérselo le asestó un último desaire al abismarse solamente en las miradas ansiosas de sus hijos varones, estos esperaban el nombre, la palabra o el gesto que señalara al sucesor y que evitara la desdicha de una segura lucha entre hermanos.

—Te mueres. Ya te mueres —silbó el viento en los horcones.

Calfú-Kurá nunca miró a sus hijos como sus sucesores, los engendró sin pensarlo, los educó a su lado con la vanidad de un dios. Sin embargo, no es ciego, no todos son iguales, prefirió a aquellos en quienes se vio reflejado, partiendo de la idea de que su persona era la perfección. Algunos lograron sorprenderlo, otros fueron una absoluta decepción. Los hay maulas, ladinos, cobardes, vanidosos y estúpidos sin remedio. Él fue maula o ladino según conviniera, eran en su persona calidades mutables. Por eso no concibe la idea que un engendro suyo aliente un defecto como herencia de un Piedra, sin duda la culpa es de la mala leche que han mamado.

Ante la decisión que lo urge abarca como nadie el mar de la soledad, pero el genio del mando no se pierde con los años, poco debe importarle ahora la ventura o desgracia del hijo más amado. Lo único que importa es la raza, la supervivencia de su gente está atada a La Pampa. No abandonar jamás la tierra a manos del blanco. La llave de La Pampa es Carahué.

—Carahué... Carahué... Carahué —repitió tres veces seguidas antes de apagarse. Esa fue su decisión, una orden que llevaba implícita la epopeya de sobrevivir.

Aquel que fuera capaz de cumplirla sería el elegido más allá de la razón. El premio sería el mando de un reino intangible, para poder medirlo habría que hacer difusos inventarios de vacas y yeguas por robar a los blancos, de cautivas, rescates y malones afortunados. No es rico quien junta más monedas de oro o repujes de plata, sino quien dirige seis mil lanzas montadas, quien del botín nada reclama para sí, solo la obediencia. El poder es el lujo más alto de La Pampa.

—Has muerto. Nunca supe, es verdad, de dioses, de gualichos o de piedras mágicas. Pero has muerto. Dónde está ahora el Dios de quien te reclamabas hijo, dónde el poder de tus Kumé-Kurá.

—A ti te dejo la fatiga de los siglos. La arena que ponías en mis ojos, eso seré en tu memoria para la eternidad viento ladino.

—Nada escucho. Ya nada importa lo que digas. Has muerto y nada más. Y la primicia de tu muerte es toda mía, yo he de llevarla de aquí para allá. ¿Has pensado qué haré con la noticia de tu muerte? ¿Volveré sobre mis pasos para contárselo a Purrán o bajaré hasta el país de las manzanas para decírselo al renuente Sayhueque? ¿Se apenarán al enterarse? ¿O sentirán temor? Tú eras el escudo que los protegía del blanco. ¿Confiarán en tus hijos como lo hacían en ti? ¿En cuál de ellos? Quizás me tuerza un poco en dirección al Norte, en donde los ranqueles pueden sentir que ya es hora de cortar el lazo vergonzante de tu mando. Es verdad que el gobierno de Epuguor te favorece. ¿Pero no soñará acaso con la independencia de ti que ejercieron sus ancestros? ¿Y los vorogas que aún sobreviven? ¿No te preocupan acaso? Quizás piensen que ya es tiempo de cobrarse la sangre y el honor que todavía les debes. ¿Temerán a tu heredero como a ti te temieron? Tal vez simplemente me corra hacia el este para decírselo a Cipriano Catriel. ¿Cómo saber realmente lo que piensa ese hombre? Bien lo conoces y sabes que es impredecible. Sobre todo, después que te traicionó en San Carlos, ya no le queda mucho de dónde elegir. Los dos sabemos que no sé predecir el futuro como solías hacerlo tú. ¿O eran tan solo inventos de tu voluntad? Pero en Córdoba hay alguien cuyo nombre es Julio, como el mes en que has muerto, y que se apellida Roca, que en cristiano es Piedra, y en el último tiempo se ha hecho muy amigo del coronel Baigorria, también sabes lo inconstante que es ese hombre en sus lealtades, ellos se alegrarán mucho de saberte tieso, en igual medida que tu gente sea capaz de llorar tu ausencia. Claro que no seré yo quien se lo diga, o quizás se me escape sin desearlo, tú sabes cómo es esto. No creas, no estoy perdiendo la razón, es que a veces simplemente no recuerdo que ya estás muerto, que no me puedes contestar, que el silencio es la única gracia que te concede el olvido. Sí, aunque no lo creas, te olvidarán. Te olvidarán y solo yo puedo conservar el eco de tu nombre, pero te prometo que tu nombre no se me habrá de escapar nunca.

Aún rezuma sangre el arenal donde ha sido enterrado, producto de los animales que le pertenecieron, vacas, potros, perros, y que han sido puntillosamente degollados para que lo acompañen, para que no sienta hambre, para que siempre ande montado, para que nunca esté solo. También yace alguna esposa con el cráneo roto junto a él. Aún humean las cenizas de lo que fue su toldo cuando ya están tratando de encontrar un sucesor. Esta tarea, necesaria e imprescindible, es una forma del viento que lo empieza a borrar.

Pero antes, días apenas...

—Así que esto era la derrota. La muerte o la derrota eran

algo que siempre les ocurría a los demás, fui pródigo al concedérselas a mis enemigos. ¿Será posible que la muerte me ocurra a mí, a Calfú-Kurá?

—Yo te la traeré con la luna que se lleva a los viejos. Será fría e impía como fuiste en Masallé, te arrojará a una noche sin tiempo, sin luna ni estrellas y donde las hogueras no arden, donde el sol no ilumina, donde la voluntad no existe y la mentira no da resultado, donde la crueldad no cuenta y las amenazas son una mueca muda. Ella te hará el hombre que olvidaste ser, el niño temeroso que ya no recuerdas. Ella devolverá tus súplicas como lo hacen las montañas, idénticas e inútiles por su incapacidad de entenderlas. Solo yo, el viento, puedo escucharte si esperas piedad. Pero yo no entiendo bien el sentido de las palabras. Recuérdalo para mí: ¿Qué es la piedad?

—Pampero, viento ladino, ¿acaso crees a Calfú-Kurá tan cobarde y torpe? Si el sol regresa después de apagarse, si florece la tierra después de la quemazón, si retorna a los ríos el agua que se va en las sequías, si a las cumbres vuelve la nieve que el sol derrite, ¿Por qué habrá de pasar Calfú-Kurá? Más si todo muere, como dicen los cristianos, poco importa lo que ocurra en esta hora, las cosas que he amado me serán devueltas, solo es cuestión de saber esperar.

—Así como la oscuridad oculta sin disolver las cosas y las gentes que la luz revela, así es como el miedo la muerte late dentro de tu silencio. A pesar de que te cubras con repetidos ponchos, todos ellos iguales, para que ella crea que es solo uno, de guardas quebradas formando un círculo, con el que pretendes perderla en un laberinto infinito, la muerte que yo te traigo te hallará desnudo; aunque te encuentre rodeado de chinas y de hijos, ella te hallará solo, sin perros, sin potros, ni testigos. Solo. Como nunca, solo para siempre.

—Si es verdad que muero, como los hombres mueren, ninguno de ellos morirá como yo, acosado por el viento. ¿O acaso le haces este homenaje a los simples? Masallé. La muerte es posible, lo admito; en cambio la verdad no, por lo menos no es posible una sola verdad. Masallé ocurrió, yo hice que sucediera, era necesario, poco importa ahora la verdad.

En la hora del final y pronto al serme develado el gran misterio por Nguenechén, he comenzado a recordar mi vida en fragmentos. Supe tener dos secretarios: Guinard, cuyo impronunciable nombre se me escapa, francés de nacimiento, y Rufino Solano, criollo. Recuerdo que Guinard tenía la pretensión de poner toda mi vida en un libro como si tal empresa fuera posible. Los dos a su tiempo preguntaron por Masallé. Solo atiné, entonces como ahora, a decir lo evidente: La Pampa era en aquellos años toda anarquía, pequeñas bandas, pequeños caciques presas fáciles de la ambición de los blancos que cada día avanzaban más. Hacía falta un mando único, fuerte y capaz de poner un freno a los cristianos, quizás de hacerlos retroceder. Guinard lo entendió de inmediato, el Napoleón de las pampas me llamaba. Pero Solano no. El criollo es un ser que duda entre dos razas, necesita del afecto para no poner en entredicho su lealtad, el afecto de Solano se basaba en el idealismo, como si tal cosa fuera posible cuando se trata de mandar. Preguntaron: ¿Por qué la tribu de la viuda? Porque eran vorogas, mentí entonces. ¿Por qué no Leuvucó? Los ranqueles también eran vorogas como los primeros chilenos de estas tierras. Porque yo era en aquel tiempo solo un trashumante afortunado que vivía del comercio. Y los Zorros eran entonces más grandes y fuertes que hoy. Solo se debe ir a la batalla cuando se está seguro de vencer. ¿Por qué una treta tan ladina para tomarlos? ¿Por qué tanta crueldad? Los porqués de Solano eran interminables, para mí únicamente hay dos calidades de engaños, los que sirven o los que fracasan. Además, yo he visto al blanco hacer la guerra, conocí la saña y el rencor del que son capaces de gastar entre ellos mismos. ¿Con qué metro han de medir mi crueldad?

Astuto estadista, tirano sanguinario, señor de la chuza, enviado de Dios, bandido incontrolable, inútil es querer precisar cuánto de verdad y cuánto de fantasía hay en cada afirmación. Esta intención tenía Guinard en su propósito de escribir mi biografía, pero, aunque hubiera querido hacerle tal servicio debo confesar la dificultad de cumplirlo. Cómo saber cuánto de mí se ha fabulado ajeno a mi voluntad, cuánto de ello mi vanidad incorporó como cierto. Porque recordar es mentir. La vida de ningún gran hombre es enteramente interesante y la de ningún simple completamente prescindible.

No he de negar que he cometido algunas picardías, aunque no tantas como se me adjudican. Por otra parte, la leyenda que acompaña a todo líder es más necesaria a sus seguidores que a él mismo. La chusma es débil, supersticiosa, derrotista y cómoda. Todos necesitan creer que el hombre que los empuja es infalible, astuto, invencible, un elegido de los dioses y su encarnación. Entonces, una vez creada esa imagen sería estúpido contrariarla en honor a la verdad, algo tan relativo y que suele mostrar tantas caras a la vez. Recuerdo un juego de palabras que me hizo un sacerdote cristiano.

—La fuerza de la razón —intentó calmarme entonces.

—Jamás habrá razón sin fuerza, pero sí fuerza sin razón —le contesté.

Y sigo opinando igual, lo demás son palabras. Mi fuerza ha sido mi única razón. La elocuencia es imprescindible a quien, como yo, ha debido mandar; pero jamás he dicho una palabra de más, el valor de las palabras reside en no tener que violentarlas. Las palabras importantes, las cruciales, como diría Solano, las he pronunciado muy pocas veces. Jamás he dado una orden que no se pudiera cumplir, ni he lanzado una amenaza que no pudiera ejecutar con creces, tampoco he dejado una lealtad impaga ni una traición impune.

En los momentos de duda como este, mi refugio siempre fue el silencio, porque solo el silencio nos salva del error. El silencio fue mi escudo, contra él se rompieron todos los engaños que me construyeron. Con tiempo y silencio destruí la voluntad de mis enemigos, percibí sus mentiras, anticipé sus traiciones. Cara a cara, el silencio es un arma formidable; siempre aparece el movimiento involuntario, la frase sin sentido, la elocuencia desmedida, el gesto delator. Esto me hizo fama de adivino, yo lo adjudiqué al poder que me daban mis Kumé-Kurá, por otra parte, dos simples piedras azuladas que de joven conservé por llamativas, las he perdido y vuelto a encontrar tantas veces que hasta yo mismo he llegado a creer que tienen algo de especial.

—No me has de engañar, viejo ladino, no pretendas que hablas con un hombre al que puedes manejar, ante mí siempre te verás desnudo, eres en este instante la más vulnerable de las criaturas de La Pampa, toda tu gloria no es más que el brillo de un esqueleto en la noche. Masallé no es tan simple, es el comienzo de algo que hace temblar más que el frío del invierno la carne que pronto has de abandonar.

—Pampero, viento asesino, ¿a quién te atreves a acusar? Cuando crucé las grandes montañas lo hice detrás de un sueño grande, mucho más grande que una tribu de vorogas sin ambición. Si yo hubiera sido un hombre común, hubiera esperado simplemente por el trono de mi padre, pero un día decidí partir y dejé atrás a mis hermanos disputando tan pobre herencia. Solo Reuque-Kurá y Antonio Namún-Kurá me siguieron, por años fuimos comerciantes llevando arreos de vacas y yeguas al otro lado de las fucha mahuidas. Luego traíamos platería, waikys y nikays desde Chile. Pero ocurrieron cosas que me indicaron el camino: la primera fue tomar conciencia de la vastedad y de la riqueza de La Pampa, la segunda fue la gran guerra de los criollos contra los españoles.

Masallé fue solo el comienzo de un sueño, mis paisanos debían saber quién mandaba, pero sobre todo los blancos, en especial Rosas. Ese hombre debía entender, de una vez y para siempre, a quién debería comprarle la sal y la paz. Y a quién el alquiler de una tierra que deliraba poseer.

Todos los hombres están hechos de la misma sustancia, lo sé, pero no todos tienen el mismo espíritu, eso me ha hecho el más grande entre los míos. He sido también más grande que Rosas, Urquiza, Mitre y Avellaneda. Y seré, sin dudas, más grande que Sarmiento, aunque logre vencerme, porque su límite es Roca, puede ser que el Zorro me iguale, reconozco como si fuera propia su ambición.

Moriré de viejo, ya no hay dudas, es la gracia que me ha dado el Huenu-Chao, no es poco mérito para quien ha vivido en guerra.

Aunque los territorios que domino son más vastos que los de muchos caudillos, jamás me concedieron ese rango, "cacique", aclaran para menoscabarme, "tierra irredenta", llaman a los campos que hace décadas me quieren arrebatar. Soy el Lonco de la nación Pampa, general de muchas victorias. Ese es mi rango.

Más de las dos terceras partes de lo que los blancos reclaman su provincia, como si estuviera vacía, ha sido siempre mía, aún hoy que la derrota apaga mi vida todavía lo es. He sido para muchos la cara de la muerte, lo sé, pero la gente mejora mucho cuando percibe una amenaza. He ejercido el negocio de la guerra, he practicado el oficio de la paz, ambas son redituables por igual, pero todo tiene un comienzo y un fin, conocer cuándo es tiempo de una y otra esa es la gran sabiduría, suele pagarse muy caro el error.

La guerra es sin duda la medida del hombre, nada lo califica o desmerece como la conducta en la batalla, nada hermana al macho como el combate, aun con su propio enemigo. Nada lo eleva como la victoria, el haber escapado de las garras del diablo con honor. No hay nada mejor que quitar la vida ajena conservando la propia; no hay alcohol que se compare, no hay mujer. Este es mi credo, así he vivido y así muero.

Mis hijos impacientes esperan a mi lado, esperan como yo. Pero nuestras esperas tienen distintos fines, ellos solo quieren escuchar el nombre que los libere. Temen a su sangre, pero todo lo que corre finalmente se derrama. Sé que ha habido grandes reyes que han caído en el error, presumo quién de ellos habrá de sucederme, o tal vez solo lo deseo, no siempre quien mejor ha obedecido es quien mejor mandará, no siempre se impone el más apto, no he de nombrarlo, no es ese el camino que recorre un Lonco.

Solo una orden les he dado. A todos y a ninguno. No diré más. Viento pampero, Cüref, viejo enemigo, seré siempre una molestia en tu recuerdo, quizás como en el mío lo ha sido Masallé. No diré más.

—Ya eres silencio y olvido.

Capítulo 18
La sucesión

Magra olla y gordo testamento.

No únicamente las honras funerarias del más grande atrajeron a tantos desde tan lejos, no solo fastos de muerte se verán en Chilihué, en la corte salinera la pena habrá de durar menos que la incertidumbre. Doscientos veinticuatro ancianos, jefes y capitanejos deberán decidir quién será el sucesor del rey que acaba de morir, el líder de la nación Pampa, y junto con él la desdicha o la ventura que dependerán de esa elección.

En línea sucesoria, bajo el amparo del toldo imperial, se alinean quince hijos varones, además de cuatro mujeres y tres príncipes sobrinos sin chances. Si bien no son estos todos los hijos de Calfú-Kurá, ya que se le adjudican casi ochenta, son los únicos que cuentan por estar concebidos en mujeres reconocidas por él como esposas legales, los concebidos en concubinas no cuentan ni tienen ninguna oportunidad.

En una sucesión normal, la elección de un heredero con la pretensión de conservar la unidad no puede superar la línea del quinto o sexto hermano. La sucesión lógica sería el mayor, Millaqueu-Kurá, pero su mayorazgo es la única virtud que lo alumbra, la tarea más importante que le encargó su padre fue la venta de cautivos a los cristianos. Una vez formalizado el parlamento de aniquilar sus posibilidades se ocupó en tercer hermano, Manuel Namún-Kurá.

—Millaqueu es el mayor. Como tal lo queremos, como tal lo respetamos. Pero también sabemos que es totalmente inútil para el mando.

Precisa y terminante es la elocuencia del tercer hermano, virtud imprescindible para ser soberano. Y méritos no le faltan a Manuel, es uno de los dos hijos en quien más confió su padre: buen estratega, hábil negociador y brillante guerrero. Pero el problema es, precisamente, que es el tercero, no se puede llegar a él por el método del descarte como se hizo con el mayor. Y es que el segundo hermano es también el otro guerrero formidable, el otro hijo, como él, bendecido con la confianza absoluta del Lonco, el único que comparte con él el honor de haber sido nombrado comandante, nada menos que Juan Morales Catri-Kurá.

Taciturno, Catri-Kurá ha escuchado con cierta alarma las palabras de Manuel, aunque, ante las razones evidentes, las ha aprobado. Con ansiedad esperó la frase siguiente de boca de su hermano menor, casi la imaginó, bien lo conocía y respetaba, así esperaba las seguras palabras de Manuel.

—Le sigue en derechos a Millaqueu, mi segundo hermano Catri-Kurá —inclusive su tolerancia estaba preparada para escuchar del discurso florido de su hermano la refutación de sus derechos.

—Pero para ejercer el mando reúno más méritos yo.

Él lo hubiera aceptado de buen grado, porque íntimamente su elegido era Manuel. Pero el silencio y la omisión calculada de su hermano menor le ha hecho sangrar el corazón.

—Así que, descartado el mayor, todos somos iguales, veremos quién ha de hocicar primero de su torpeza —dijo para sí Catri-Kurá.

Dos días se agotan sin que el parlamento logre avanzar en otra cosa que el desplazamiento de Millaqueu. Los hermanos menores, al saberse sin posibilidades y descartando los escrúpulos, negocian el apoyo a uno u otro postulante sin medir afinidad o cualidades. Los mayores hasta el sexto solo escuchan, es ahí donde está lo mejor de los Piedra. Pero hay uno que no reclama ni brinda apoyo, encerrado en un silencio hostil, espera. Saber esperar es también cualidad de buen guerrero. Todas las miradas silenciosas se dirigen hacia él. No habrá jefe posible sin el consentimiento de Catri-Kurá, pero quien quiera arrebatarle el mando deberá pedírselo respetuosamente, como debió ser desde un principio.

Los días se agotan sin que el silencio del segundo hermano se rompa. Y es ese silencio el que impide que el consejo presente una propuesta razonable. CanayLlancatú-Kurá, la mayor de las hermanas, empujada por Manuel, los urge a decidirse de una vez. Álvaro Reumay-Kurá, el bravo, el sanguinario, el del eterno odio al blanco, se ha pronunciado abiertamente a favor de Manuel. Y no es poco apoyo, es el cuarto hermano y primera lanza de la nación, su valor y su peligrosidad nadie la pone en duda, en una elección afortunada hasta él podría ser rey. Bernardo Namún-Kurá, por el contrario, se opone al nombramiento del hermano de su mismo nombre, justo él, tan ladino, intrigante y maula se opone. Como si fuera quien para hacerlo.

Cuando ya todo amenazaba salirse de madre, el sexto hermano, Pereyra Carupán- Kurá, el lenguaraz y hábil militar, astuto diplomático y el encargado por su padre como canciller ante los blancos, sin ser notado, se acerca lento y sigiloso. Se para, casi como al descuido, al lado de su hermano Catri-Kurá, al no ser recelado se sienta a su diestra, cuando presume que tiene su atención larga las palabras cautas pero precisas.

—Quien pretenda el mando de los mapuche deberá reclamarlo. No llueve desde el cielo el trono de Calfú-Kurá.

Luego permanece en silencio esperando una respuesta. Pero Catri-Kurá no quiere el mando, solo el debido respeto. Por eso calla sin salir de su empaque. Carupán-Kurá decide ser directo.

—Sin tener nada en contra de la elección de Manuel, entiendo, hermano, que su derecho está primero. Si se decide, Mariano Carumanqué-Kurá, Meli-Kurá y yo estamos dispuestos a sostenerlo, eso calmará al loco de Reumay. De lo contrario, lo mejor es votar por Manuel, no vaya a ser que todavía termine mandando Bernardo.

Manuel ha observado el movimiento de Carupán-Kurá y comprende que hay solo dos posibles candidatos para el trono, él mismo y el dueño del silencio, entonces comete su segundo error. En un impulso torpe decide dar un golpe de efecto y ordena a Reumay una demostración de fuerza con sus seiscientas lanzas a la vista del parlamento. La práctica es tan próxima que el piso se mueve cuando se lanzan con sus potros a la carrera, bajo el coro: *Yaa....yaa...yaa*. Manuel manda de nuevo a CanayLlancatú-Kurá a urgir del consejo una decisión. La hermana cumple a destajo haciendo abuso, a pesar de sus polleras, de la máscara autoritaria que heredó de su padre. Cuando todos se encuentran lo suficientemente alterados, Manuel, de un gesto detiene a Reumay. Después, conciliador como su padre luego de aplicar el azote, explica que la intención del hermano solo fue rendirle honores al parlamento. Todos respiran aliviados menos Catri-Kurá que solo deja escapar una mueca de profundo desprecio, durante el alboroto permaneció recostado sobre las matras de su recado.

Urgido, el consejo se decide entonces a consultarlo, sin embargo, todo empeora. Para asombro de Catri-Kurá, no le preguntan si reclama el mando o si declina sus derechos en favor de algún hermano, irrespetuosamente le inquieren quién es su elegido. Ofendido, humillado, el hombre, ardiendo de dolor, apenas atina a contestarles el disparate inesperado.

—Bernardo.

Cuando se lo informan, Bernardo, que siempre se supo despreciado por sus hermanos bravos, no puede creer lo que escucha, ha sido rescatado del oprobio de no ser guerrero y elevado a la dignidad de jefe nada menos que por Catri-Kurá. Entonces se transfigura, negocia y promete, su elocuencia ladina se multiplica como nunca.

Manuel no logra reaccionar ante su asombro; a la distancia busca la mirada del causante. En un haz intenso quedan unidos los ojos de los dos hermanos, no hay arrogancia o reproches, es simplemente la intensa mirada de la sangre. Manuel comprende cuál ha sido su error. Pero el consejo, antes que las cartas vuelvan a enredarse, decide dar el mando compartido a los dos Namún-Kurá, Manuel y Bernardo.

Entonces sucede lo previsible o lo inevitable dado su carácter explosivo, Reumay, sin poder contener su indignación en medio del parlamento, escupe su asco.

—Si ese maula de Bernardo ha de ser jefe, yo también puedo mandar y encomendémonos a Huecufú.

Qué absoluta verdad ha lanzado Reumay, pero qué inoportuna, piensa Manuel. Aunque fuera con la carga humillante de Bernardo, ya tenía el mando. ¿Y ahora? Pero no cuenta con el agotamiento del consejo que actúa por inercia, llevan ya nueve días de tensión, entonces se apresuran, sin consultar a los involucrados, a consagrar un triunvirato que incluye también a Álvaro Reumay-Kurá.

Los tres son aclamados cuando se los eleva al rango de caciques generales. Manuel no está para nada conforme, pero también sabe que, dada la situación, no podrá obtener nada más sin derramar sangre de hermanos, y nadie sensato comenzaría un reinado siendo maldito de Nguenechén.

En medio de la algarabía alguien aún permanece en silencio, el tercer hermano sabe que hasta que no se rompa ese silencio cualquier liderazgo es ilusorio, entonces decide hacer lo que debió hacerse desde un principio, lo que no pudo ver con claridad. Manuel respira hondo y se encamina decidido hacia donde se encuentra Catri-Kurá. Se para frente a él, saluda primero Manuel, siempre, jefe o no jefe y hasta el final de sus días, Catri-Kurá será su hermano mayor, se miran un instante eterno, luego se apartan.

—¿Aceptará el hermano lo que decidió el consejo? —pregunta Manuel.

—No he de obedecer a tres hermanos menores. —responde Catri-Kurá.

—¿Sería capaz de hacerlo de uno solo, el más próximo? —vuelve a preguntar Manuel.

—No me gusta que un loco ande revoleando las chuzas delante de mis aucas —afirmó Catri-Kurá.

—Reumay es impulsivo, pero yo sé controlarlo —dijo Manuel.

—Me he dado cuenta.

—¿Qué me contesta, hermano?

—No he de obedecer a un loco ni a un maula —volvió a responder Catri-Kurá.

—Reumay no quiere el mando, únicamente reaccionó, el consejo se apresuró demasiado, a Bernardo usted lo puso donde está hermano.

—Los dos lo pusimos donde está.

—De Reumay yo me ocupo y Bernardo no cuenta. Sé bien que su parte de mando le corresponde a usted —

aventuró Manuel.

—No quiero que Reumay pueda igualarme en lanzas, no confío en él —argumentó Catri-Kurá.

—Así será.

—Únicamente aceptaré una cabeza sobre la mía. Y en la guerra seré el primer comandante. Además, no quiero que Carupán-Kurá, Carumanqué y Meli-Kurá vayan a ser exiliados por haberse mostrado respetuosos conmigo, ellos también hubieran votado por usted.

—Nada de eso es necesario pedirlo. ¿Qué me contesta, hermano?

Catri-Kurá, que de buen grado le habría cedido el mando a Manuel desde un principio si se hubiera conducido así y no con los métodos de Millaqueu o Bernardo, siente que el amor propio herido le atenaza la garganta. Solo cuando la situación es insostenible, toma a su hermano por la rastra de plata que sujeta su chiripá y con una energía impensada para un hombre de sesenta y cinco años, lo alza por encima de su cabeza, erguidos los dos. Esta es la respuesta que Manuel esperaba, sabe bien que por más que se esmere no obtendrá otra.

Cien potros pampas rayaron a un tiempo el patio del aduar, marcando el regreso de Catri-Kurá a sus toldos, apenas esa fue su comitiva, había ido a un consejo, no a la guerra, para el combate podía alzar ochocientas lanzas, poderío únicamente comparable a su difunto padre y a Manuel. A pesar de sus años desmontó al paso y le entregó las riendas a uno de sus hijos que le hacía de secretario. Su primera esposa, la que lo hizo hombre hace ya tantos años que ni lo recuerda, había estado esperándolo impaciente, supo al verlo que su hombre no regresaba jefe, le conocía el humor o los estados de ánimo solo de verlo caminar.

—Vieja bruja —le dijo cuando pasó a su lado— no se puede soportar tan cerca una mujer que nos conozca tanto.

El jefe se puso casi en cueros y fue a refrescarse al arroyo. Cuando regresó, la vieja estaba esperándolo con el mate a punto y se sentaron a tomar. La mujer esperó en vano, mirándolo inquisidora. Catri-Kurá se dedicó a torturarla con su silencio, hasta que ella ofendida lo increpó.

—¿Quién manda? ¿Acaso Millaqueu?
—No.
—¿Quién manda?
—Puedo ser yo.
—¿Quién manda?

Lo que hay que aguantarle a esta mujer, pensó el viejo.

—¿Quién manda?
—Manuel.
—¿Por qué?
—Fue el primero en pedirlo.
—¿Y para eso tardaron nueve días?
— A él le llevó nueve días saber a quién debía pedírselo. Bueno, caray, basta de charla, haga salir de una vez a las muchachas que me anda escondiendo, hoy me siento retozón.

La vieja, displicente, golpeó las manos y aparecieron de pronto las dos esposas más jóvenes del jefe. Éste las semblanteó, las olfateó, supo de inmediato cuál se hallaba fértil, a esa eligió.

—La pindonga o la lanza de un pampa únicamente se alzan para dar la vida o para cortarla. Provocador —le dijo la vieja en la cara.

—Yo no soy ese payaso de Reumay.

—¡Viejo inmundo! —se quedó rezongando la china vieja.

—Encima después cree que los hijos que le traen esas yeguas son de él.

Capítulo 19
Manuel Namún-Kurá (Talón de piedra)

Todo lo que me has dado ya era mío
Y a ti mi libre condición someto.
Soy un hombre sin pan ni poderío
Solo tengo un cuchillo y mi esqueleto.
(Pablo Neruda)

Cada pena que anda suelta se me arrima y se junta para siempre a las más viejas, cargado voy de ellas, a todas las arrastro como puedo, siempre aumenta mi trabajo. Los días indiferentes se prenden y se apagan ante mí, pasan sin más propósito que engordarme las penas. Cada uno me trae una pena nueva, yo las acepto resignado a mi gualicho, las encierro en mi silencio y ya no las dejo ir. Agobiado de penas voy andando, mis pies se han puesto tan pesados que, por no ser desobedecido por ellos, ya no los mando ni les pido. Penando me alimento de lo que mis penas han rumiado, apago mi sed bebiendo de su hiel, respiro el mismo aire que mis penas ya han viciado, ellas habitan las heridas que sangran en mi ser. Así es mi vida desde la rendición.

Mi gloria y mi castigo fue ser hijo del más grande, mi futa chao el lonco Calfú-Kurá. Tal vez él al morir supo lo que nos esperaba, quizás por eso nos habló de ese modo, a todos y a ninguno a la vez, la herencia de los Piedra fue solo una orden.

—No retroceder ante el blanco jamás.

Esas fueron sus últimas palabras. El mandato sagrado que no he podido cumplir. Por obedecerlo corrí a mis hermanos, a Millaqueu, por inútil, a Bernardo, por cobarde.

Hoy en mí todo son dudas, pero entonces creí que era yo el indicado, así también lo entendieron mis hermanos, los bravos Catri-Kurá y Reumay-Kurá cediéndome ambos su parte del mando. Sin temor cargué sobre mis espaldas la responsabilidad que implicaba la herencia de mi padre, que no fue de comodidad o riquezas sino de lucha constante, de sangre y de lanzas.

Ingenuamente pretendí que fuéramos los Piedra como las rocas de la costa de la tierra, que a fuerza de dureza se enfrentan al mar y le dicen día a día: *hasta aquí nomás, hasta acá llegaste*. Aun sabiendo de antemano que un día ha de vencer el mar. Como creo que intentó hacer mi padre, pero muy otro resultó ser mi mar. Los pampas éramos ya piedras muy gastadas cuando lo hubimos de enfrentar bajo mi mando.

En vano intenté repetir la alianza grande. Y solo arrastré a mis hermanos al cautiverio o la muerte: Reuque, Sayhueque, Epuguor, Purrán, tantos hermanos. Cada uno es una nueva pena que se agranda y pesa en mi alma. Nada omití de lo aprendido de mi padre para enfrentar al cristiano, pero inútil fue. Las guerras constantes, las pestes y el hambre, pero, sobre todo, las carabinas hicieron del mapuche en la guerra una sombra. La embestida final del blanco fue fatal.

El mar embravecido todo arrasó a su paso, quebró, mató, empujó y ya nunca más retornó a su cauce. No se salvaron de su furia ni los chenques, la cabeza de mi padre rodando de mano en mano entre los cristianos, hasta esa vergüenza debí soportar. No pude siquiera soñar con la venganza, el blanco es como una hormiga que puede avanzar sin jefe, por más que se las mate siempre aparecen más.

Ante lo inevitable rendí mis últimos aucas al blanco. Y junto con ellos la libertad. Al principio no pareció tan malo, pero la palabra del blanco es inconstante como el viento; parece que cediera, pero siempre vuelve a empujar. Hasta que terminamos de espaldas a los Andes, donde mi gente agoniza entre las piedras, el frío y el hambre.

Yo, impotente, presencio estas desgracias ante las miradas de mi gente. Vivir cada día es una humillación, estoy olvidado de Nguenechén como nadie, a solas preso y soportando la maldad de Huecufú. Vencido, abandonado, ya sin esperanzas, me ablandé a las palabras del Machi blanco, busqué inútilmente el refugio de su Dios. Solo para agradarle me matrimonié con mi última esposa de acuerdo con sus costumbres, cristiané y anoté, respetando sus leyes, a todos mis hijos. Le ofrecí a Ceferino como mensajero de mi raza, soñé ingenuamente que a través de él derramaría sobre nosotros su piedad y su protección. Pero me han informado que mi hijo ha muerto en Roma, con él se apaga otra ilusión y se suma otra pena que viene a atormentarme. El Dios de los blancos no escucha al mapuche. ¿Nguenechén, con qué ánimo se atrevería este pobre lonco a implorar tu perdón?

Mis hijos, Alfredo, Aníbal y Julián me observan calculando los días que todavía me faltan por vivir, lo siento en sus miradas que intentan vulnerar mi silencio, ellos buscan reconocer la causa de esta tristeza que habrá de acabarme. Acaso tratan de intuir lo inútil y poco que habrán de heredar de un padre derrotado. Pero, aunque tantas y tan grandes, mis penas son invisibles, solo yo sé reconocer cuál de ellas me hiere más. Invisibles son mis penas, como el lastimero mando que aún conservo y que en silencio también he de dejar. Aquel de mis hijos que tenga el coraje de reclamarlo sufrirá la angustia de tener que ejercerlo, de llevar a nuestra gente adonde ya no hay nada. Yo deseo que comprenda que no tendrá ni siquiera la certeza de que mañana el día ha de aclarar, sueño que tenga el valor, que no deje apagar la luz de la estirpe.

Me anda persiguiendo últimamente el recuerdo de mi padre, así digo porque ya no me atrevo a invocarlo, mis ojos me traicionan de dolor, escapan de vergüenza mis lágrimas al compararnos.

Nguenechén, ¿por qué me hiciste el lonco de la desolación? ¿Por qué debí mandar con el sol del ocaso? ¿Por qué mudaste mis deseos haciendo de mí al necio que destruyó a mi raza? ¿Por qué dejaste que me hundiera en el lodo del fracaso? ¿Por qué no tuviste la piedad de matarme? Nguenechén, ¿por qué me abandonaste? ¿Por qué?

Anoche nuevamente soñé con mi padre. Me habló largamente mi chao, llamándome por mi nombre, con esa forma extraña de hablar que tienen los muertos que uno se da cuenta enseguida de que están muertos, porque repiten las cosas como arrastrando un eco. Así, anoche, en sueños, me conversó mi chao.

Supe que hace un tiempo me viene buscando, me reprochó que como el choique yo lo andaba esquivando, como en antes lo dijo, entre ladino y amable, pero con esa forma extraña que tienen los muertos, como si todo lo dijeran dos veces.

Yo me sentí tan indefenso ante él como antes, en silencio lo escuché, pensando que por ahí los muertos no lleguen a ver las penas de los vivos, deseando que así fuera. En eso pensaba yo mientras mi chao hablaba, temblando que no viera a su hijo tan derrotado, tan cargado de penas como estoy. Se me caían solas mis lágrimas, desobedientes como mis pies. Pero tal vez los muertos no vieran el llanto, esa era mi pobre esperanza. Calfú-Kurá relataba que grandes fatigas le daba, aún después de muerto, el Huenu-Chao.

Me sentí miserable, el más pobre de todos, al saber que mi padre todavía era la herramienta del creador. Herido, despreciado, intenté sin lograrlo mostrarme dueño de mí como antes, pero mi padre no paraba de hablar de los grandes trabajos que le daba Nguenechén.

Me contó que debía recuperar las Salinas Grandes de los cristianos, que solo si lo lograba el Huenu-Chao le concedería el perdón que le daría el descanso.

Que no olvidaba lo de sus dos corazones, que lo habían hecho doblemente valiente y astuto, pero también doblemente altanero y cruel. Que Nguenechén desconfió siempre de sus intenciones, pero lo consintió al ver que se afanaba en bien del mapuche, aunque no tanto como él hubiera querido. Por eso le dio una vida tan larga, por eso las victorias que logró ante los blancos. A pesar de la soberbia con que ejerció su mando y de haber pretendido sentirse un Dios.

Yo escuchaba asombrado e inmóvil, avergonzado de mis penas tan grandes, la confesión, humilde y amarga de mi padre. Incrédulo escuché de su boca que él tampoco fue perfecto a los ojos de Nguenechén. Contó que los blancos le daban grandes sudores en las Salinas Grandes, más que ayer, me dijo que por eso le pidió al Huenu-Chao un cacique general que lo ayudara, que esto mismo le había concedido el creador, y que su elegido era yo. Ordenó mi padre que preparara el corazón para la lucha, que sacudiera las penas de mi alma, que tan cargado de ellas no me podría mover ni montar a caballo y sostener una chuza. Ya menos avergonzado prometí no fallarle, agradecido de la inmensa bondad de Nguenechén. A pesar de esa forma de hablar de los muertos, mi chao es indomable.

—Junto a mí, te espera tu madre, treinta y dos esposas he tenido, para que acabe acompañándome la Juana Pitiley. Deberías desconfiar, hijo mío, de la bondad del creador. Quisiera creer que no fue solo debilidad de viejo, que cuando el Trempilcahuen me ayude a cruzar las aguas del gran mar de la muerte grandes fatigas en verdad me aguarden.

—Balsero, no cruces conmigo mis penas, tantas son que

tu balsa no aguantará su peso hasta dejarme en el reino de Nguenechén.

—*Nontupaguen Trempilcahué Yen* (Ven a cruzarme balsero). Que me esperan todos mis hermanos muertos, la flor de mi raza y mi sangre, para cabalgar nuevamente por las Salinas Grandes, a la sombra de mi padre, para gloria de los pampas, para alegría de Nguenechén, tal vez entonces perdone mis dudas y errores. Quizás entonces, tal vez...

El imperio del sol de mediodía

Capítulo 20
El lirio de las Pampas

Quien a dos amos ha de servir, a uno de ellos ha de mentir. Mateo 6-24.
(Parafraseado)

Chimpay, Río Negro, 26 de agosto de 1886, nace un niño, uno más de una raza que se apaga. Su padre, un hombre de sesenta y cinco años, en tierra prestada, lejos de los campos que fueron su feudo, derrotado, empobrecido y obligado a mendigar una dignidad que le pertenece, teniendo que confiar en leyes dictadas por hombres que no lo consideran un igual, atada su voluntad a la palabra que empeñó en un compromiso que jamás tendrá reciprocidad, ha encontrado el entusiasmo necesario para engendrarlo en una mestiza llamada Rosario Burgos, una mujer mucho más joven que él. Lo engendra soñando vaya a saber qué quimeras, si es que los hombres sueñan cuando engendran un hijo. Y, al nacer, le pone por nombre Morales, en memoria de su hermano Catri-Kurá, con el que tuvo sus diferencias, pero la sangre no es agua. Antes que el chico pueda caminar sufre la tristeza de verlo caer a las aguas del Río Negro, apenas su pequeña mano se alcanza a observar arrastrada por la turbulenta corriente, luego nada. Pero, de pronto, las aguas enfurecidas lo arrojan a salvo sobre un banco de arena. Será mucho más tarde, cuando por impulso de su madre y los padres salesianos consienta en bautizarlo, que le pondrá por nombre Ceferino Namún-Kurá. Esperará el padre que el chico mereciera ese apellido como se lo ganó el mismo de pequeño, "Talón de piedra", así lo bautizó a Manuel su padre, Calfú-Kurá, al ver que no reculaba nunca ante sus dos hermanos mayores

*

Turín, 22 de agosto de 1904

Señor D. Manuel Namún-Kurá. Junín de los Andes. Mi muy amado papá.

Quisiera en estos momentos encontrarme a su lado y manifestarle el deseo de mi corazón. Pero como estoy tan lejos de usted se lo diré por medio de la presente. Deseo que diga y responda todo lo que sabe y recuerda de la fe de mi bautismo. Le pido este favor porque ahora estoy en tanta necesidad de ella como usted tal vez no se imagina.

*

Hasta los diez años vivió, para alegría de sus padres, en el sur desértico y frío, se hizo avezado jinete, digno de su estirpe de centauros. Tal vez llegó a sentir, galopando sin medida en los páramos patagónicos, la vertiginosa ebriedad de la bravura, la poderosa invitación de la libertad. Sostuvo las riendas entre los dientes y sintió sus manos vacías sin la chuza ambiciosa y sin las "tres marías" para revolear. En los confines de una Pampa que fue suya, tal vez, tuvo el primer atisbo de lo que se le adeudaba a su gente. El dolor era algo que ya estaba en sus genes.

—Quiero estudiar, padre, necesito estudiar, por el bien de nuestra gente, pida, padre, al presidente que me eduquen en un colegio de Buenos Aires.

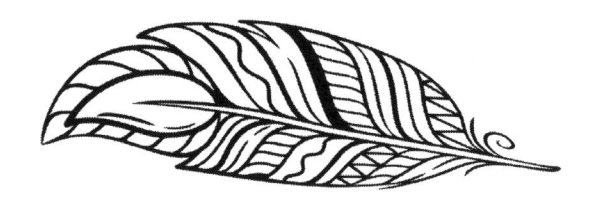

En los parlamentos pampas la elocuencia es un don. Una voz musical, clara, sostenida y armoniosa es un verdadero regalo de Dios.

—Deberás, cuando des final a una razón, sostener la última sílaba como un canto, cuanto mejor lo hagas, más habrás de acercarte a la verdad, es un aviso de lealtad a tu oponente. Cuando empieces él sabrá que debe preparar sus argumentos, cuando acabes deberá encontrar el ánimo para empezar.

En el coro del Colegio Pío lX se destacaba el indiecito, en el canto pudo dejar salir toda la belleza de su alma, tanto que le permitieron ser solista, en ese mismo coro cantaba un niño llamado Charles Romuald Gardès.

El resto del tiempo era el ñato, el chino, el negro o el indio manso. Pero a pesar de todo amó a sus compañeros, lloró cuando partió hacia el seminario, lloró cuando partió del seminario ante los primeros síntomas de la tuberculosis, lloró como un pampa, sin lágrimas, abismados sus ojos en el vacío, pretendiendo abarcar con su silencio la inextinguible ausencia de los días.

*

Ahora yo me encuentro en esta necesidad y urgencia querido papá.

Me sucederá mucha cosa que usted no se imagina ni piensa, pero teniendo mi fe de bautismo todo se hará bien, y si me falta sacaremos nada. Ayúdeme, querido papá, y algún día seré su consuelo y alegría, si no es en este mundo será en el otro.

(Cómo decirle, Padre, que me muero sin llenarle el corazón de pena).

Yo nunca me olvido de usted y la familia, siempre, todos los días pido al Señor que los bendiga y que los libre de todos los males corporales y en especial los espirituales.

Esté tranquilo, Padre, y siempre alegre.

Recuerdos a toda la familia, y deseo que me escriba alguna vez. Yo ya le he escrito muchas cartas y no sé si las ha recibido.

Dios le bendiga. María Santísima lo auxilie siempre. Soy su afectuoso hijo. Ceferino Namún-Kurá.

*

Su eterna tos era la única señal de la presencia de Ceferino en las aulas o en los claustros, el aviso de un alma desgarrada en dos: la obligación, el respeto y la fidelidad a su sangre, por un lado, y, por el otro, la pasión de un ser puro ante el misterio de Dios. En qué pensaría monseñor Cagliero cuando sabiéndolo enfermo se lo llevó a conocer las reliquias de Roma, la belleza sobrecogedora del arte florentino, la magnificencia inaudita de la catedral de Milán. Tan solo para presentarlo ante el papa como prueba de la obra de los salesianos. Y en qué pensaría el sumo pontífice al recibir del muchacho peinado con raya al costado, con sus rebeldes pelos rígidos por el jabón, esa suave piel de guanaco pampeano para protegerse los pies del frío en las noches del invierno romano.

*

Mi amadísimo papá:
Recibí su paternal y respetable carta última, fechada el 11 de marzo. Me causó un inmenso júbilo y alegría al saber que todos están bien de salud, gracias a Dios Todopoderoso. Debo comunicarle también mi grande complacencia por lo subliminal de sus pensamientos, altos, nobles y verdaderos. Le agradezco su gran resignación de sacrifi-

car años de no vernos. En cuanto a mis estudios, resulta muy bien. Pero la salud me impidió continuar. El médico del papa, que se llama Laponi, me visita dos veces al día. De aquí a dos semanas me voy a un hospital cerca del mar. A mí me hace muy bien el aire del mar.

*

—Ese Ceferino. Ese toro —decía a sus hermanos Manuel, al ver a su hijo montar.

—Ese Ceferino, ese mi hijo —lo presentó orgulloso a sus paisanos, que trabajaban en la ciudad casi esclavizados, cuando lo fueron a recibir a la estación Constitución, enterados que su Cacique General llegaba a Buenos Aires para traer a su hijo a estudiar al Colegio Pío lX

—Ese Ceferino quiero a mi lado —cuando presintió que nada de eso acabaría bien.

No quería un hijo sacerdote, lo quería capaz de luchar por su gente en los términos que imponía el blanco, para lo cual ya se sabía a sí mismo imposibilitado. Lo quería doctor en leyes.

—Ese Ceferino sufre, ese mi hijo, ese quiero acá.

*

En otras cartas le daré noticias más claras.

Monseñor Cagliero agradece sus amigables saludos y le manda los suyos con la bendición apostólica. Saludos y recuerdos a todos. Mil besos y abrazos.

Querido papá, le pido su paternal bendición y créame su

afectuoso hijo que desea abrazarlo.
Ceferino Namún-Kurá.

*

Veinte días después de escribir esta última carta, el 11 de mayo de 1905, meses antes de cumplir diecinueve años, muere en Roma Ceferino, *en olor de santidad*. A pesar de los ruegos de su padre sus restos volvieron a la patria recién en 1924.

No fue un Toqui como su abuelo, no fue Cacique General como su padre o sus tíos, ni siquiera fue un guerrero brillante. Pero, aunque no haya sido tampoco el último Piedra, fue sin buscarlo el sello de su raza. Tuvo una misión sutil, fue el encargado de grabar a fuego por los siglos que habrían de venir en la tierra de sus ancestros un nombre eterno... Kurá.

En 1944 el gobierno argentino gestionó ante el vaticano su beatificación. Y el 11 de noviembre de 2007 el enviado papal, cardenal Tarcisio Bertone, proclamó beato a Ceferino Namuncurá, ante más de 100.000 personas en una ceremonia en Chimpay, Río Negro, ciudad natal del joven salesiano. La fiesta religiosa se fijó para el 26 de agosto, fecha de su nacimiento. Pero que era innecesaria por completo. En los campos del sol, su nombre es santo.

Se puede negar en esta tierra quién fue su abuelo, se puede ignorar quién fue su padre, pero nadie desconoce en la Argentina quién es Ceferino Namún-Kurá. La historia vuelve siempre, aunque se la empiece desde atrás.

A Ceferino se lo llama el lirio de las pampas. El lirio es

la flor que desde siempre más se ha tallado en piedra. El lirio, en estas tierras es una flor azul. Una flor de Piedra Azul.

Capítulo 21
Vicente Pincén

No hay peor astilla que la del mismo palo.

Resulta que ahora soy alguien importante. Y se ufanan los blancos de que atraparon a Pincén. Ellos son los que se andan jactando del valor del salvaje que han cazado, y si soy hijo de un domador de leones ranquel que enamoró una blanca puntana y se la llevó a los toldos, si soy un blanco entero robado en un malón o si soy la descendencia equivocada de un renegado que no volvió nunca a la civilización.

Frente a frente con Villegas, ninguno de los dos fuimos lo que el otro pensó, dos hombres nada más, eso fuimos, algo fácil de suprimir sin los guerreros que nos siguen, las caballadas que montamos y las armas que podemos levantar. Pero yo estaba desarmado y no pude matarlo, él no quiso hacerlo.

—Te concedo la vida —me dijo Villegas.

Pero no fue ninguna bondad de su parte, matarme ponía en duda la certeza de tener a Pincén, de lavar su orgullo herido de tanto buscarme sin poder acorralarme. Un indio muerto, sin sus hombres derrotados y sus mujeres destrenzadas, era un indio muerto más que podía ser o no ser quién él aseguraba, y eso ponía en duda el valor de haberme prendido. No soy un demonio, no soy siquiera un hombre en su esplendor como él. Soy un viejo de setenta años sin poder. Pero hay algo que llevará en su orgullo herido como una marca innoble para sostenerse en La Pampa que reclama; yo lo dejé de a pie en mis campos. Ese detalle, si se quiere risueño, lo convierte en usurpador y él lo sabe. Aunque después haya recuperado sus seiscientos caballos blancos, los famosos blancos de Villegas, él sabe bien que a mí nunca me hubiera robado la caballada. Eso deja muy en claro que yo soy pampa y él no.

—Ese es Pincén —dicen, mientras pasan y me señalan.

Algunos hasta se animan a burlarse, me topan, me juegan con la lonja del rebenque en las piernas, ven mis rodillas deformadas y me empujan o me golpean, alguno se anima a mostrarme la hoja de un facón. Así, desarmado, solo y de a pie, sirvo para la burla. Quisiera verlos de a uno con mi chuza en la mano o a todos con mis bravos a mi lado. Querría saber cuántos gallos tiene este gallinero.

Hay un hombre que a veces se arrima para hablarme, yo

hago que no le entiendo, pero algo le entiendo.

—Yo sé de pampas —me dice.

—Y sé, estoy seguro, que usted tiene sangre blanca.

¿Qué hay con eso? Me pregunto para mí sin contestarle nada. ¿Acaso esa sangre nos hace menos enemigos? ¿Hará esa sangre que me liberen? ¿Le ofenderá esa sangre en el cuerpo de un pampa? Quizás piense que un pampa puede mutar en huinca, tal vez me piense idiota como Cipriano Catriel. Tal vez crea que he de darle confianza de amigo.

—No entiendo la mentalidad de los pampas. La holgazanería, la violencia y el derroche.

—Nosotros, los pampas, somos hijos de Dios —le dije para mi pesar.

—¿Y qué hay con eso? Todos somos hijos de Dios, los blancos, cristianos o huincas, como usted nos llama, también.

—No, no, ustedes hijos del oro, del dinero, de la ambición. Hijos de Dios, solo los Pampas.

—Ah, ya veo, para usted acumular y guardar es ambición. Pues para nosotros matar cincuenta vacas para comerse dos es locura, desidia e imprevisión. Es no pensar en mañana, es vivir a merced de acontecimientos que pueden anticiparse.

—Es creer en Dios.

—No, Dios no es tan necio, él dice *ayúdate que yo te ayudaré*.

—Puede ser, pero su Dios no habla con nosotros. Nosotros hablamos con el nuestro, le pedimos. Eso hacemos.

—Volvamos a las vacas.

—¿Dios habla con usted? ¿Y qué le dice del destino de

los pampas?

—Volviendo a las vacas.

—Matamos cincuenta vacas porque nos gusta ver correr la sangre, porque una vez que empezamos no podemos parar, pero sobre todo matamos cincuenta vacas porque son de los blancos, porque a ellos les revienta que lo hagamos, porque les duelen mucho esas cincuenta vacas. Nos desprecian, nos odian, por eso lo hacemos.

—Conocí un pampa que se lamentaba de esa conducta, que siempre los mantendría pobres.

—¿Y quién era? ¿Cipriano? Era estúpido, ya lo ve, está muerto.

—No, no era él.

—Ah, Paguitrúz Guor. Mariano Rosas lo llaman ustedes. No, Paguitrúz Guor, no era idiota, era astuto, pero no tenía honor, yo no miento. Además, ¿de qué sirve mentir? Él vivió entre blancos y usó artes de blanco, entonces pronunció las palabras que el blanco quería oír. Pero le puedo asegurar que él no pensaba lo que le dijo al general Mansilla, él pensaba lo que hacía y lo que hacía era matar cincuenta vacas para comerse dos. Porque, si Paguitrúz hubiera podido, habría matado todas las vacas de los blancos, hasta que no quedara una sola en La Pampa. Porque él, como yo, sabía que las vacas son el motivo del blanco para sacarnos la tierra.

—Acabáramos.

—No crea todo lo que yo le digo, soy un hombre vencido y prisionero, ya sin dignidad, yo también puedo mentir.

—Todos mentimos alguna vez.

—Todos los blancos, siempre. Yo no cuento, soy un

hombre que espera la muerte, un muerto mismo casi. ¿Sabe usted cuándo van a matarme?

—No creo que lo maten.

—Siempre.

—Seguramente han de llevarlo a la isla Martín García.

—¿Qué es una isla?

—Choéle-Choel es una isla. ¿Conoce ese lugar?

—Todos los pampas conocen Choéle-Choel.

—Esta es igual, aunque mucho más chica, pero está en medio de un río que es una pampa de agua, a esta isla no se puede llegar a caballo, como Choéle-Choel.

—A Choéle-Choel, a veces, tampoco se puede.

—A esta nunca se puede. Este río no baja tanto como aquel.

—En ese lugar moriré.

—Quizás, pero no han de matarlo, además todos morimos alguna vez.

—Pero yo moriré prisionero.

—Lo lamento, pero ha hecho usted, con su conducta irreductible, enojar mucho al gobierno.

—Yo también estoy enojado, no vaya a creer.

Finalmente he llegado a la isla Martín García y he comprendido en el traslado cómo fue que los blancos llegaron a mis campos atravesando el mar, me dicen que la misma Pampa es solo una isla más en medio del océano. A pesar de lo que esperaban todos no he sentido temor, qué podría temer ya.

—Pincén bravo como toro. Torpe como toro también.

Eso decía a mis espaldas Ignacio Coliqueo. Porque frente a mí cuidaba muy bien las palabras que iba a pronunciar.

—Hermano, qué necesidad tenemos de andar matándonos entre nosotros. Tenemos que encontrar la forma de vivir a costillas del blanco, yo he firmado tratados que me obligan a protegerlos a ellos de usted. ¿Qué nos puede costar a nosotros hacerles creer que es así? Solo se trata, hermano, de fingir que usted los ataca, que yo lo corro, luego me aumentan las provistas y los sueldos, nos ponemos de acuerdo, lo que yo consiga de los cristianos hemos de compartir, hermano, como corresponde a un buen pampa.

Yo lo escuchaba en silencio, siempre me agrada escuchar las cosas que dicen los idiotas. Lo escuchaba mirando sus ojitos de rata calculadora midiendo mis hombres de lanza.

—Usted es muy toro, hermano. Siempre embiste a lo que lo amenaza. Yo, en cambio, soy como un potro asustadizo, a todo le temo, cualquier sombra me espanta. Pero así, amansado como estoy con los blancos, sé hacer temblar La Pampa con el tronar de mis cascos. Por eso, hermano, le digo: ¿Qué piensa usted que temen más los blancos, una estampida de pezuñas de toros o una carga de caballería? Hay que ser vivo, hermano, con los blancos ya de nada nos luce el valor.

Vivo, pensaba yo. ¿Y cómo medirá este pobre perro confundido y hambreado la viveza? Sus hombres viven a merced del hambre, del frío, el fuego y la peste como los míos. Y él ha vendido su dignidad al blanco a cambio de limosnas que en nada mejoran su condición. Ha derramado, sin que le tiemble la mano, la sangre de sus hermanos, chapalea desde hace treinta años en el lodo de la traición, lo mismo que hace cuarenta años les ocurre a los Catriel.

¿Qué es, lo que, en una eterna tormenta de polvo, confunde sus pasos, su orientación, sus instintos y lo lleva a pensarse superior a mí como para darme consejo? A mí, que nunca hice negocio con los blancos. A mí, que nunca traicioné a mis hermanos, que siempre supe quiénes eran mis aliados mirando su piel. A mí, que nunca me vendí por limosnas, que nunca me puse ni me pondré un uniforme de coronel del Ejército que nos mata.

Los blancos quieren esos campos que pisábamos. Y hasta el mismo día en que los tengan llegará su voluntad de considerarnos algo, después nada podremos esperar. Esos mismos campos que casi les arrebatan a Juan José y Marcelino en un tratado ladino, que firmaron con los blancos. Me hubiera gustado verlo a Juan José Catriel explicándole a sus capitanes, cuando se le rebelaron para no irse del campo de las nieves en Azul, que él no era un traidor como Cipriano.

Manuel Grande, Tripailao, Juan José, Marcelino Catriel, Gervasio Chipitrúz, Calfucir y Ramón López. Todos ellos sirvieron a mis órdenes cuando se desnudaron por fin las intenciones de los blancos. Cuando de nada servían ya los tratados, cuando solo nos quedaba pelear. A mí me eligieron comandante por temor a la venganza de Manuel Namún-Kurá, los Piedra no perdonan la sangre derramada en una traición. A mí, al toro torpe. A mí, al equivocado. A mí, que tuve que escuchar los consejos del sabio Coliqueo. Todos ellos no valían nada comparados con mis capitanejos Catrenao o Nahuel Payún. Porque ellos ya se habían ablandado a la sombra de los blancos y acabaron rindiéndose asustados del hambre. Como si hubiera esperanza de vivir sin la tierra. No hay esperanza sin vida, pero no hay vida sin tierra. Era tarde para ellos, lo era para todos.

No somos inocentes de la victoria del blanco. A mí me capturaron en Licaucha, cerca de la laguna del Malal, el 5 de noviembre de 1878 a la noche, con veinte de mis hombres que se resistieron, de ellos murieron seis. A mí, manso me agarraron, manso y de a pie, tuve miedo de que mataran a mis dos cachorros más chicos. Yo, el peligroso, tuve miedo, supe que ya estaba muerto, únicamente me quedaba la luz de mi sangre.

—Si me matan que se salve mi familia —le dije a mi captor, el mayor Solís. Y se lo repetí al Toro Villegas.

Después anduvieron diciendo que pedí que no me mataran a mí, pero yo ya tenía muchos años y mi familia era muy grande, quince esposas y muchos cachorros logrados y por lograrse.

Quien desde entonces vive de recuerdos no soy yo. Es solo la sombra de Pincén. Soy solo la sombra de Pincén. Solo la sombra de alguien que pudo ser Pincén.

Capítulo 22
La paz te será dada

Si me das la derrota, dame la humildad para aceptarla.
Si me das la humildad, no me quites la dignidad.

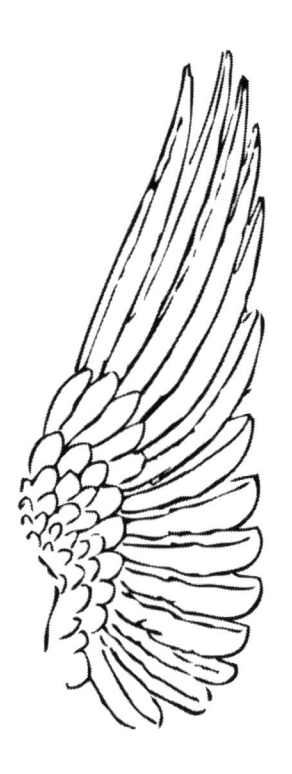

Yo, Valentín Sayhueque, siento en esta hora como nunca la soledad del mando, rodeado de mi gente que me observa y espera. Rodeados y acechados por los blancos como nos encontramos, por momentos pienso: *¿Cómo prepararlos a todos para lo que vendrá y qué sentido tiene hacerlo?* Pero ellos esperan que muera mandando porque han decidido morir obedeciendo. Ahora aceptaría complacido una rebelión, al menos una parte de los míos no tendría atado su destino a mi suerte.

Repetidas veces en las últimas noches, cuando mi espíritu se abandona al sueño, cuando por fin lo logra, he vivido una y otra vez la certeza de mi muerte. Sé bien que no son pesadillas lo que padezco, sino más bien la continuación inevitable de los sentimientos en que transcurren mis días. No, no es que haya tenido nunca la revelación de la forma en que habrá de ocurrir, pero sí la certeza de no pertenecer más al mundo de los vivos. Cuando la angustia de mi alma ya se vuelve insoportable, mi carne, a puro instinto, me rescata a la realidad con excusas sonsas; por ejemplo, la incomodidad de una piedra debajo de mi espalda, el insignificante ruido de un ave en la oscuridad preñada de vida que me rodea, esa vida casi ajena en la cual Valentín Sayhueque ya no estará más por siempre. Entonces despierto a esta realidad que es peor que los tormentos de la inconsciencia, donde soy perseguido sin tregua, sin poder saber el crimen cometido y sin poder aspirar al perdón; soportando el suplicio de ver a mi gente penar y morir por decisiones que consideré justas, prudentes, y unánimes.

En esos sueños mi ser deambula extraviado por los paisajes que amo, los bosques, los pinares, los senderos, las montañas, los arroyos y lagos. Pero lo hago con una congoja insoportable por la certeza de que todas esas cosas que amo me consideraban ya un extraño. De que todas esas cosas seguían siendo sin mí. Lo que más me lastimaba era el silencio, la ausencia absoluta de sonidos o voces. Mi familia y mi propia gente ignoraban mi presencia y vivían mi ausencia sin dolor, como si el hombre que he sido ya estuviera hundido en el olvido. Después, poco a poco las cosas y las personas se iban alejando y se hacían fantasmas hasta desaparecer en la bruma que antecede a la noche, dejándome para siempre perdido en la soledad, en la oscuridad y el silencio definitivos. Otras cosas dicen mis dioses, pero sé que mienten. Mi muerte será como me ha sido revelada, total, absoluta y silenciosa.

Mi ser contrariado y furioso por la estafa de los blancos, por la estúpida ingenuidad que he alentado y por no tener la posibilidad de la revancha, se iba apagando, poco importaba la carga de dolor, de mérito o de injusticia. Todo era arrojado con la misma indiferencia en el silencio final, en la oscuridad más vasta, yo era un punto insignificante diluyéndose en la noche. Comprimido y empujado a hacerse aire en el fuego de alguna estrella lejana y sin nombre. No habrá perdón para los dioses por este crimen. No habrá tampoco para ellos otra vida. No la hay.

El mérito de haber sido el último en rendirse se torna relativo por haber sido el que más tarde comenzó a pelear. Pero lo cierto es que cuatro largos años de hostigamiento, persecución, hambre y frío costó a las fuerzas nacionales al mando del comandante general Conrado Excelso Villegas, comisionado por el presidente de la Nación, don Julio Argentino Roca y por su ministro de Guerra, don Benjamín Victorica, lograr inclinar la cabeza de un hombre que nunca pensó en luchar.

Tal vez, porque jamás se debe subestimar a un pueblo de cazadores, la caza es el arte de la observación, de la paciencia y la tenacidad, pero, sobre todo, del engaño. Quien para sobrevivir deba trampear el instinto de sus presas acabará sabiendo confundir la voluntad de sus enemigos.

Valentín Sayhueque siempre fue un Toqui atípico, dos tercios de las personas o las almas que moraban en sus dominios eran tehuelches, el tercio restante araucanos, la mayoría pehuenches y una minoría de pampas de las bandas sobrevivientes de su padre. Él mismo llevaba esa contradicción latiendo en el cuerpo. Su padre, Chocorí, un cacique pehuenche que supo correr sus aventuras pampeanas en los tiempos anteriores a la llegada masiva de los araucanos, terminó refugiado en el país de las manzanas. Llegó allí siguiendo las migraciones de los guenaken del norte de la Patagonia después de un contraste a manos de los blancos. Entonces descubrió un mundo de paz y belleza irreales, hasta entonces solo adjudicado a los relatos nostálgicos de su madre sobre las maravillas de la tierra de sus ancestros allende la cordillera. Un territorio donde el valor del caballo era relativo, donde era más un medio de trabajo y alimento que arma de guerra, y en el cual el coraje residía en tratar de sobrevivir diariamente más que en la audacia de batirse, donde los pocos bienes se atesoraban y se consumían de a uno.

Reconoció que en este sistema los blancos eran superiores por su capacidad de reproducir y acumular las haciendas. Y que eran agresivos por naturaleza y no por necesidad, que la codicia los empujaba a la depredación y al exterminio. También que acabarían por vencer, que lo mejor era estar con ellos en paz y que, quizás, el secreto de estar en paz era tenerlos lejos. Todas estas presunciones se las inculcó Chocorí al hijo que tuvo con una doncella tehuelche en la tierra que eligió para morir. Supo declinar sin reparos la primacía guerrera de su propia cultura en favor de la tehuelche de la madre del niño. Es que los vastos territorios comprendidos entre los ríos Neuquén y Limay eran guenaken.

Valentín Sayhueque fue un cacique tehuelche celoso custodio de las tradiciones, lengua y cultura de sus ancestros, favorecido por el aislamiento que produjo en la nación que gobernaba. Gracias a su inclinación por la paz, su pueblo prosperó multiplicándose a pesar de las privaciones, del clima hostil, el frío, el viento, de las terribles nevadas y de la tierra mezquina comparada con La Pampa húmeda.

No es este un dato sin importancia, hacia el año 1880 toda la población indígena de la llanura pampeana, a causa de las guerras constantes, las pestes traídas por los blancos y las hambrunas, estaba en franca recesión. Solo dos tantunes escapaban a esta generalidad, los manzaneros de Sayhueque y los araucanos de Feliciano Purrán; ambos sabían que esta bonanza estaba ligada a la neutralidad que practicaban y, no lo sospechaban entonces, a que sus tierras no eran codiciadas por desconocidas y lejanas.

Las tribus de Purrán estaban asentadas en las nacientes del río Neuquén, al sur del Barrancas, límite entre Mendoza y Neuquén, con acceso a varios pasos cordilleranos que le permitieron ser el nexo entre los araucanos de ambos lados de la cordillera y por lo tanto hacer buenos negocios sin necesidad de andar maloneando.

A su tiempo ambos fueron invitados por Calfú-Kurá, el señor de los hombres, a cumplir con sus obligaciones de sangre, sobre todo al fin de su reinado cuando empezaron a escasearle los guerreros. Sayhueque declinó en forma terminante tales ofertas, no así Purrán que se avino a ceder a sus hombres en alguna ocasión especial, pero sin involucrarse nunca directamente él mismo.

Tanta reticencia de Purrán y Sayhueque obligó a Calfú-Kurá a pedirle a su hermano menor, Reuque-Kurá, a que estableciera sus aduares en las nacientes del río Agrio, justamente en medio de ambos toquis, custodiando el paso del Llalma, fundamental en la estrategia de Piedra Azul.

Sayhueque se negó a la guerra por imperativo de Calfú-Kurá, se negó a ella por desesperado ruego del hijo de éste, Manuel Namún-Kurá, se negó al combate por consejo de su contrariado vecino, Reuque-Kurá. No quiso aceptar lo que se venía cuando comenzaron a llegar a sus tierras y las de Purrán, en busca de refugio, los atribulados restos de los otrora altivos ranqueles. Vio morir en sus tierras sin auxiliarlos a Peuyeman, a Lemumier y al propio Baigorrita, nieto de Yanquetrúz. No fue indiferencia, egoísmo o cobardía, quizás fue más bien ingenuidad o que, en su inocencia, pensó que los perseguidos estaban recibiendo el castigo por antiguas picardías, las mismas que él se había cuidado muy bien de cometer.

Hasta que un día recibe, junto a su paisano Purrán, la dudosa invitación del comandante de la cuarta división en operaciones, coronel Napoleón Uriburu, de acogerse a los beneficios de la paz con la Nación Argentina, que era la patria de todos. Sayhueque no necesitaba ser invitado a la paz, ni era sensato instarlo argentino, en su ruca flameaba la bandera que años atrás le regalara el perito Francisco P. Moreno; podría ser crédulo, pero no idiota, nunca persigue la amistad un ejército en operaciones.

Ambos caciques se niegan a hablar de paz en esos términos. Pero en enero de 1880, en un hecho afortunado e inesperado para las fuerzas nacionales, logran hacer prisionero a Purrán, que es confinado en Martín García. La guerra es inevitable, Sayhueque la sufre en carne propia por primera vez cuando el 30 de marzo de 1881 en el río Collón–Curá, su hijo Tacumán es atacado por las fuerzas del coronel Rufino Ortega.

La última gran alianza contra el blanco la protagonizaron los toquis Reuque-Kurá y Sayhueque, fue, al contrario de las anteriores, puramente defensiva. Los dos comprenden que más allá de sus vidas, la lucha es por la tierra y la libertad. No hay vida posible sin esas dos cosas esenciales. Pero la arremetida de las fuerzas nacionales es feroz, Álvaro Reumay-Kurá decide exiliarse definitivamente en Chile, lo mismo hace el tehuelche Ñancucheo.

Al poco tiempo cae prisionero Cayul, cacique principal del Tantum de Reuque- Kurá, lo cual lo debilita de tal modo que el hermano de Piedra Azul sufre la misma suerte en diciembre de 1881.

Inútiles son los mensajes cifrados de las fogatas que se encienden en los cerros como aviso o prevención, uno a uno va cayendo en poder de los blancos los caciques menores y los grandes capitanes junto con sus guerreros, a veces con sus tribus completas.

El poder y la decisión de los conjurados a morir libres son esmerilados día a día, sin prisa, pero sin pausa. Sayhueque logra escapar a las reiteradas encerronas a las que se ve sometido, pero deja en cada una jirones de su poder.

El imperio del sol de mediodía

En una sola de ellas, el 22 de febrero de 1883, al sur del río Limay, pierde, entre muertos y prisioneros, seiscientos cincuenta hombres. El 24 de marzo de 1884 recibe la noticia de la rendición definitiva de Namún-Kurá.

Así como las muertes de Agner y Querenal fueron el comienzo del fin para la estrategia militar de Manuel Namún-Kurá, convirtiéndolo, a partir de ellas, en un alma errante de los campos pampeanos primero y de los faldeos cordilleranos después, así también, el 18 de octubre de 1883, la desgracia alcanzó definitivamente a Sayhueque, ese día fueron derrotados y tomados prisioneros sus dos hombres más valiosos, los caciques Inacayal y Foyel. Poco antes habían sido muertos Manquepú, Niculmán, Meliqueo y Queupo, todos ellos eran las gemas de su tantum.

Solo, cansado, derrotado y hambriento, el último gran toqui se rinde el 1 de enero de 1885, en Junín de Los Andes, junto a los setecientos guerreros que le quedaban y a dos mil quinientas personas de su tribu.

Aún le esperaba una espantosa peregrinación hasta Carmen de Patagones de más de mil trescientos kilómetros a pie; muy poco quedaría de todos ellos al llegar a destino. La paz tan anhelada le fue dada, ya nunca pudo delirar siquiera con volver a luchar.

Para sepultar sus simples sueños no necesitó un enterrador.

Los blancos saben y yo sé, que esta vida es cuanto poseemos y con ella las cosas por las que hemos luchado: los bosques, los ríos, los campos y los animales. Y que para disfrutar todo lo que el mundo nos depara de grato es indispensable la vida; lo demás es empeño hacia cosas inasibles: la memoria de nuestros ancestros para rescatarlos del olvido y acaso justificarlos y el respeto a las tradiciones, quizás para sabernos menos solos. Los dioses solo sirven para sentirnos menos débiles en el error o en la desventura o menos culpables en el abuso. Pero solo hay un dios implacable e ineludible: la muerte. A ella me rendí.

Una última e íntima valentía me reservo, nada podrá romper en mí que ya no esté roto, nada quebrar que no esté quebrado, nada vaciar que no esté vacío, nada apagar que no sea ya cenizas. A ella me entregué, no a los blancos cuando renuncié a la lucha. A ella he de burlar cuando venga a buscarme y no encuentre lo que espera. Yo, Valentín Sayhueque, ya solo soy recuerdo, olvido, nada.

El imperio del sol de mediodía

Capítulo 23
La raza

El hombre es tierra que anda.
(Atahualpa Yupanqui)

El animal avanzaba olvidado de la tutela de las riendas, el jinete lo dejaba hacer, hacía rato que el caballo había olfateado el agua y marchaba con apuro confiado a su instinto, tratar de vulnerar ese deseo era posible, pero también un capricho inútil en la vastedad de la llanura pampeana. A medida que se acercaban a la aguada el paso se iba transformando en ese trote incómodo y saltarín que antecede al galope. El hombre, molesto, se paró sobre los estribos para aliviar la tortura de su espalda, pero en ningún momento pensó en sofrenarlo, no se martiriza inútilmente el carácter de un buen caballo, tan bueno como para confiar la propia vida a sus bondades.

La atención del jinete estaba puesta en tratar de dilucidar la calidad del agua que habrían de encontrar. Cuando se acercaron lo tranquilizó el hecho de hallar pájaros y alguna garza, pero eso no era una señal suficiente; aunque el animal, ansioso, intentó entrar a la laguna por su cuenta. Solo entonces el jinete enderezó el cuerpo sobre el lomo para ponerlo alerta, le pegó un enérgico y corto tirón a las riendas y la bestia se plantó como herido de un rayo. Sin embargo, no fue el mensaje que le entró por la boca el que lo detuvo, sino la violencia que sintió en las orejas, el grito que le recordó quien mandaba. Después de varios rodeos, el hombre decidió probar el gusto de las hierbas que crecían cerca del agua para detectar la presencia de arsénico; al final se dio por satisfecho, el detalle que terminó de convencerlo fue un pedazo de tierra calcinada por un fuego hecho hacía mucho tiempo, desmontó para levantarlo, el calor lo había transformado casi en un cascote cerámico.

El jinete aflojó la cincha del recado hasta desprenderla, el animal lo ayudaba contrayendo la panza, acomodándose para librarse del apero; pero sin dejar de mirar de soslayo el agua con su promesa de frescura.

El milico, porque el jinete era un Sargento Mayor del Ejército Argentino, demoró a propósito los movimientos solo para aumentarle la ansiedad, el animal contrariado le cabeceó muy cerca del pecho, pegando dos soberbios manotazos en el piso. Hasta que, por fin, el hombre le sacó la cabezada pasándole un lazo de paisano pobre por la argolla del bozal. Después eligió un lugar en la barranca contraria al sol y se tiró a descansar cuan largo era. Pero antes tomó la precaución de atarse el lazo a una pierna, se dio cuenta de que se iba a dormir y buscó la sombra de un arbusto cercano para marcarla en el piso.

Cuando se recordó de sí mismo comprobó con asombro el trecho que el caballo lo había arrastrado, él había sentido los tirones, pero la fatiga pudo más, después, buscó la marca del arbusto en el piso y calculó en una hora el tiempo de la siesta.

Se puso de pie con lentitud para dedicarse a pastorear el animal del cabestro, mientras lo hacía estudió el lugar, le llamaron la atención unas manchas de tierra con total ausencia de pasto que se escalonaban a intervalos regulares sobre la barranca más alta de la laguna, el suelo lucía apisonado, más que eso, parecía asfaltado en grasa, y en el centro de cada mancha se repetían los restos de tierra calcinada por antiguos y repetidos fuegos. El animal lo condujo a un cuadro donde el pasto crecía más alto que en el resto del lugar, su tono era de una furia esmeralda, entonces supo que se hallaba sobre un camposanto. Con seguridad más adelante, siguiendo la dirección noreste en que soplaba el pampero, se encontraría el depósito de osamentas o el basural de alguna tribu.

No llevaba grabada en su sangre la sabiduría indígena, no podría ejercer la grave vanidad del gaucho, pero ya nunca descendería a la torpeza del gringo. Al cabo, La Pampa, como a todos los que la amaban, se le iba entregando lentamente, brutal, salvaje, caprichosa e infinitamente bella, hembra al fin.

Se encontraba sin dudas sobre las ruinas de un aduar araucano, su mente inconscientemente comenzó a pensar en ese idioma, miró nuevamente la laguna y recordó: *Lauquen*; las garzas, *canqueñ*; los tordos, *chili*. Hermosa lengua, sin dudas un día habría de dominarla, antes de verla perderse en el olvido.

No era un alarde sin sustento, en el rancho pobre que había levantado con sus manos en las tierras que recibió como premio por haber corrido a Namún-Kurá, a las órdenes del coronel Levalle, le esperaba una india a la que se había acollarado, tenía la mitad de su edad y ya le había dado un hijo, por su silencio al verlo partir, presume que está esperando otro. Inútil fue prometerle que volvería con un arreo que los sacara de la pobreza, la china no habló una palabra, no hizo un sonido ni dejó escapar una lágrima. No ha dejado de pensar en ella y en el chico desde que partió, si no la encontrara al volver todo este esfuerzo carecería de sentido. Son esas dudas que le provoca su carácter independiente, lo sabe bien, lo que hace que la quiera de esta manera, en una medida que tal vez nunca se permita confesarse. Cuando eligió ser milico, cuando escogió La Pampa, supo también que sería muy difícil encontrar una mujer que soportara ambas cosas, por eso la soltería y la soledad fueron más una condena que una elección.

La china llegó a su vida traída por el espanto, ella lo eligió entre todos los que habían intentado cazarla cuando barrieron sus toldos, tal vez ella percibió la contradicción que le provocaba tal muestra de salvajismo por parte del ejército de línea, lo cierto es que se aferró a él con un instinto admirable.

Si algo de cariño o agradecimiento le guarda, más allá de perdurar viva, aunque sea atada a la sangre de un vencedor de su raza, sin duda no le nació en aquel momento. Acaso lo haya sentido después, al percibir en la convivencia el amor del que es capaz un hombre solitario.

Sin embargo, es bien consciente que ella no lo necesita para alimentarse y sobrevivir: ella cuida la huerta, multiplica los animales domésticos y los viste con sus ovejas y el telar. Ella es quien sabe comerciar con más astucia lo poco que producen. Y en ella se sustenta la empresa que ha emprendido. Porque el milico marcha a Buenos Aires a pedir un empréstito al Banco de La Provincia contra las tierras que posee para poner allí unas cuantas vacas con un toro de raza.

La seguridad y la libertad que le concede la autonomía de su mujer es también una prueba de hombría, no es fácil convivir con una hembra de esa calaña.

Solo para matar el tiempo, mientras el caballo tomaba resuello, buscó el atado de cuero sobado que traía sujeto al recado, lo abrió con sumo cuidado, consciente que manipulaba un tesoro. Era el archivo de Salinas Grandes, lo encontró casualmente enterrado en un médano de sus tierras. En él se encontraban todas las cartas remitidas por los distintos gobiernos, desde Rosas hasta Sarmiento, al cacique general Juan Calfú-Kurá y allí estaban las promesas, los acuerdos, los negocios, las componendas e increíblemente también los pedidos de disculpas, de favores y tregua. Los efusivos y oprobiosos agradecimientos.

Muchas firmas increíbles se encontraban en esas cartas, de hombres que ya figuran en los libros de historia, que mañana estarán en el bronce: gobernadores, ministros, presidentes de la nación y héroes de la conquista del desierto.

Así supo, por ejemplo, que los ataques criminales que sufrieron en el pasado algunas poblaciones bonaerenses no eran decididos por Piedra Azul, sino por el mismo gobierno para encarrilar algún caudillo rebelde. Otras veces la decisión venía de Entre Ríos para hacer hocicar a Buenos Aires. Algunos fueron pedidos de ciertos jefes de frontera para hacer entrar en razón a los vecinos díscolos que se negaban a ser esquilmados por ellos. Alguien que agradecía la ejecución de una venganza personal por intermedio de la indiada.

En todo caso, de su lectura se desprendía claramente la doble moral o la inexistencia de ella en los hombres que estaban edificando una nación. El alma de un militar es, si se quiere, candorosa ante tales manejos, no era casual que los políticos se entendieran con los indios, eran mentirosos y haraganes por igual, depredadores sin medida. Pagados de su fuerza y de su astucia en situación de superioridad e inseguros y casi pusilánimes enfrentados a la necesidad de crear, edificar y planificar. De rebatir la razón de un solo hombre parado en sus convicciones como no sea por la violencia.

Al recordar el lugar donde los encontró no puede reprimir la admiración por el alarde de ubicuidad, de confianza ilimitada en poder discernir cuando fuera necesario, sin recurrir a marcas evidentes o accidentes del terreno que sirvan de guía, un punto preciso de La Pampa donde se enterró algo que evidentemente consideraban valioso como para conservarlo a través de las décadas.

Tampoco se le escapa la gran dosis de ingenuidad necesarias para considerarlos importantes, sobre todo en gente tan dada a la violencia, de las que, en primera instancia, se piensa que poco o ningún valor puede darle a otro derecho que no sea el de la fuerza. Pero es evidente que fueron guardados con el fin de apoyar reclamos o derechos futuros, como si en su conciencia existiera un dejo de sospecha sobre lo imposible que sería sostener esa vida errática en el tiempo o al menos la tenue esperanza de formar algún día parte de esa nación a la que se rebelaban.

Es imposible no interrogarse cómo puede existir una forma de vida tan brutal y a la vez tan ingenua como para llevarlos a creer que todo sería olvidado, todos los malones perdonados, que cuando no tuvieran fuerzas se los recibiría con los brazos abiertos para formar una nación. Imposible dejar de preguntarse si ellos nos verán a nosotros con la misma dosis de brutalidad, ingenuidad, hipocresía y amnesia.

Recuerda de sus años de recorrida con el ejército a lo largo de las provincias, ya había pasado medio siglo de formalizada la república, a viejos patricios despojados de sus bienes por las sucesivas revoluciones esgrimiendo antiguas cédulas reales de la época virreinal, con la pretensión de justificar la propiedad de tierras donde ya se levantaban ciudades.

Como todo idealista presume algo valioso perdido en esa extrema credulidad; entonces decide acabar las especulaciones y dedicarse a la lectura, sería por demás triste tener que admitir que aparte de criminales hemos sido torpes. Nunca se debió envilecer la conducta de los indios con acuerdos indecentes, con prebendas y con vicios, ni demorar casi cincuenta años en decidir el destino que tendrían en el futuro de la patria.

Si la voluntad era incluirlos como declamaba Alsina, desde un principio se debió mostrar una conducta clara, decidida e inmutable, que no era otra que el respeto a las leyes de la nación por ambas partes. Si la decisión era la opuesta debió ejecutarse por completo de un solo golpe ya en la época de Rosas, hubiera sido menos cruenta y dañina para ambas partes, en definitiva, algo se hubiera rescatado. Pero la avaricia y la mezquindad dominan a los políticos. ¿Por qué acabarlos si manejándolos con pericia podían constituirse en un factor más de poder? Así entonces, se propiciaron cincuenta años de crímenes y latrocinios sin límites, permitiendo que se instalara en la conciencia de una nación que se estaba formando la costumbre de tales calamidades.

Cuando algo no se entiende en estas tierras, cuando algo es tortuoso o intrincado, suele tener una explicación muy simple: dinero mal habido, vileza, traición o miseria humana.

De las cartas se desprende también el desprecio de la clase dirigente hacia el ejército, hacia los colonos o los vecinos de las poblaciones rurales, es decir, a cualquier tipo de organización o empresa decente, aunque pequeña.

El sargento reflexiona que no es nada casual que el militar más sobresaliente de Buenos Aires sea Bartolomé Mitre, un hombre que nada sabía de estrategia, de movimiento de tropas, de disponer un campamento seguro, y de apoyo logístico para asegurar la comida y el agua de los hombres y los animales. Un pobre pavo real incapaz de otra cosa que no sean gestos grandilocuentes, que festejó la derrota de Cepeda como un chico amedrentado que se mandó la audacia de hacerle frente al taita del colegio. Sin calcular las consecuencias ni los costos ni los muertos, sin medir siquiera la razón para ir a esa batalla. Un hombre al que un simple jefe de milicias como Inocencio Arias lo sometió a una derrota humillante.

Cómo no van a aborrecer al ejército los políticos, las fuerzas armadas son organización, disciplina, reglas claras, orden, presupuestos, planeamiento, calamidades imposibles de sobrellevar para una raza que necesita del desquicio para medrar a su antojo. Un problema podrá ser de simple solución, ellos se ocuparán de enredarlo; podrán hallarse en un camino recto, ellos se encargarán de perderse.

Menos valen para ellos trescientos vecinos muertos de Azul o 25 de mayo, que los arreos robados a un gran estanciero. Qué son, después de todo, los primeros, solo colonos, pequeños comerciantes, gentes de oficios y chacareros; con un caudillo que los sepa arrear ya están hechos. Los políticos no están para pequeñeces, solo las grandes empresas los movilizan, los grandes negocios de los cuales obtienen sus diezmos indecentes.

Inútil es explicarles que de pequeñeces están hechas las grandes obras, que de pequeñas empresas se puede hacer una gran nación, que los habitantes se cuentan de a uno para hacer un gran pueblo.

*

Al final caigo en la cuenta de que tuvo que venir un militar como Roca a ponerle final a tanta tragedia y tanto caos, a concebir un plan de acción y ejecutarlo, sin medias tintas, sin negociados y sin agachadas hasta el final.

Es un error creer que fue solo contra la indiada la arremetida del ejército, fue contra un estado de cosas que era insoportable. Podrán criticarlo hasta el cansancio, a mí mismo me cae mal ese hombre que fue mi comandante, es arrogante, pagado de sí mismo y ambicioso sin medida, pero tiene una noción clara de lo que es una nación y el progreso. Podrán criticarlo, lo que nunca podrán hacer es ponerse a su altura. Por supuesto que fue ingrata, criminal e injusta la solución dada a las bandas de indios, pero cómo se calma a una fiera después que ha probado la sangre.

Por eso ya tuve suficiente de milicia, es tan hermoso andar La Pampa sin miedo, entrar en ella es como volver a nacer, todo es posible, se siente que acá todos los sueños caben. Y es por eso por lo cual quiero unas vacas para echarlas a andar y a parir en mi tierra.

Y si el banco no transa, al mismo Roca iré a ver con estos papeles, porque algo ha de valer tanta vergüenza. Después me volveré a las casas a seguir criando chinitos con mi negra.

El imperio del sol de mediodía

Capítulo 24
Aún recuerdo

No te guardo rencor, pero tampoco tengo amnesia.

Recuerdo Millaray, siempre lo hago, al punto que no sé cuánto de esta evocación es real y cuánto es fruto de mi fantasía contaminada por el deseo, pero aquel día amaneció luminoso y con el aire diáfano, como ocurre después de la tormenta, entonces una ternera se desvió de la tropa, la seguí hasta hallarla comiendo de tu mano.

Fue ahí cuando te vi. Desde la muerte de mi padre nunca había sentido tal desamparo, tanta soledad, tanta pobreza. Eras tan bella que se me antojó que en torno a mí solo había miseria. Todo cuanto de ti me deslumbró era pequeño: el alegre brillo de tus ojos negros, tu carita morena enmarcada con las hebras azuladas de tu melena dócil, sujeta por el tocado de guardas blancas y negras, realzada en su tersura aceituna por los pendientes de plata, la blancura de tus dientes separados de niña, asomando entre los labios húmedos de tu boca morada, los pocitos de tus mejillas sonriendo al atrevimiento de la vaquilla, el sonido de tu risa tenue como el tintineo de las monedas en un saco.

Cuando por fin pude capturar tu mirada esquiva intuí que los dioses ese día se habían puesto amables por primera vez en mi vida. Y supe, te encargaste de que fuera así, que con estirar la mano podría alcanzarte. Así de simple era la empresa, y así de enorme, nunca necesité juntar tanto valor para emprender una batalla. Por eso le di a tu padre todo lo que poseía. Hubiera sido el hombre más pobre de la tierra regresando de Chile sin ti, incluso con un saco lleno de monedas de plata.

Nos vinimos tú y yo, en mi caballo, debajo del poncho que me dio tu abuela. Fuimos tú y yo y mi caballo con lo puesto.

Te traje todo el camino entre mis brazos, Millaray, primero para protegerte del frío de la cordillera, luego ya no hubo otro modo, sintiendo tu mansa inocencia, tu tibieza, tu suavidad de cachorro. Respirando el aire impregnado de tu aroma que se metía en mis huesos y en mi sangre para siempre, habitándome.

De alegría mi corazón golpeaba fuerte contra tu cuerpo próximo, casi uno con el mío, él quería latir por los dos para aturdirte con las palabras que yo nunca sería capaz de decir. El desborde, la euforia de mi pecho me ahogaba hasta marearme, y me obligó a confiar una vez más en mi caballo alterado como nunca.

—¿Se contagiará el amor, Millaray?

Me había separado de la comitiva de los Piedra, temía que las miradas o que los deseos de otros hombres gastaran tu inocencia y tu belleza. Te apretaba entre mis brazos con ternura, con dolor y avaricia. Ebrio con el olor a humo de Pehuén que subía de tu pelo, daba hambre oler tu pelo, Millaray. Mis manos te palpaban temblando de codicia, se secaban mis labios del deseo de morderte. Mi sexo, como un sediento perdido en la travesía, reclamaba rencoroso el húmedo oasis de tu cuerpo.

De regreso, los Piedra contarían tesoros, prendas, chuzas, aperos, yo ya nada tendría para mostrar, mi tesoro era mío, me despojé de la vanidad desde ese día Millaray, pero me hice mezquino. Toda la fortuna del mundo cabía para mí debajo del poncho de tu abuela.

Así te traje, Millaray. Se reían de mí hasta mis hombres, no te soltaba nunca, lo recuerdo, hoy a mí también suele darme risa, volví en una nube desde Chile. Así te traje.

Siempre he sido pobre, Millaray, mis únicos lujos son el orgullo, mi valor en la batalla y el respeto que despierto. Soy un guerrero. Yo no conocía otra ciencia que el coraje y la ambición, pero te amaba a pesar de mi ignorancia; hay cosas que un hombre no pregunta a otro hombre, yo era muy torpe entonces, el amor aumentaba mi torpeza. Pero te amaba, Millaray, casi tanto como ahora te odio.

Hubieras sido la esposa perfecta de un pastor o un platero. Pero yo soy un guerrero, no podía arrodillarme ante ti, aun derrotado de amor como me hallaba. Pero te emperraste en tu amor propio herido por mi fiereza, me abandonaste en el horror que te causaba un hombre que vivía de la guerra, mis buenas intenciones se estropearon por tu desprecio, me olvidaste sin pasión en la brutalidad que me atribuiste. ¿Cómo pudiste, Millaray, envejecer a mi lado sin odiarme, sin quererme un poco, sin tratar de rescatarme? ¿Cómo martirizaste así nuestras vidas por un error de apreciación? Con total indiferencia, solo una hija me diste, más por obligación que por deseo, luego tu vientre se cerró; hoy sé, sin lugar a duda, que fue por temor a verme repetido en él.

Yo amaba todo de ti, hasta los jugos de tu cuerpo, cualquier miseria hubiera perdonado por amor, pero solo te quedaste con lo de afuera. Si me hubieras odiado, no te odiaría.

Llegué a pensar que eras loca, que eras boba, que eras mala. Me alentaron muchas veces a devolverte y nunca pude hacerlo, la tortura de tu desprecio era más leve que el tormento de tu ausencia.

Al fin no era el monstruo que creías, Millaray, la cristiana con paciencia sacó de mí todo cuanto siempre te tuve reservado, con asombro lo tomó, con la misma avaricia que alguna vez sentí por ti. Ella cruzó por mí los límites de la decencia, se olvidó de su raza, me dio los hijos que tú me negaste, fue la mujer de Cayupán, engendró los herederos de un guerrero. Logró que la amara, Millaray, solo inclinó la cabeza, se acercó buscando lo mejor de mí, lo encontró, se aferró a eso, le alcanzó.

No es tonta Rosaura, lo sabe todo. Cuando se entregó por primera vez le pregunté por qué lo hacía. Yo nunca la obligué. La cautivó un capitán de mi familia y por respeto me la ofreció. Nunca me gustó tomar cautivas, pero la sentí tan asustada que la acepté. Al tiempo de vivir en nuestro toldo sucedió, como yo no la reclamaba pensó que la devolvería al hombre que me la obsequió y esa idea la aterraba. ¿Por qué ella se quedó conmigo, Millaray? ¿Por qué ella sí me aceptó?

—Un hombre que ama así no es un salvaje —me dijo.

—Yo no te amo —le aclaré.

—A mí, no. A Millaray.

Todos lo ven, todos lo saben, menos tú.

Aún hoy que solo somos dos viejos mis manos se quieren ir detrás de ti cuando te acercas, me cuesta encontrar la voluntad de sujetarlas, mis ojos te recorren con dolor sin que lo sepas. Dicen que cambia mi voz cuando te nombro, que envejezco en tu presencia. ¿Cómo dejar de arrastrar este rencor a cuestas?

En la vigilia de las noches, cuando mi cuerpo no logra abandonarse en la costumbre del sueño, cuando los huesos crujen y duelen, cuando los años pesan, cuando la muerte acecha yo suelo aliviar mis penas con un lejano recuerdo. Tú y yo con lo puesto sobre aquel caballo en el frío de los Andes.

Yo te apretaba entre mis brazos, embriagado con el olor a humo de Pehuén que subía de tu pelo. Sintiendo la suavidad y la tibieza de tu cuerpo, mi corazón cantaba de alegría dentro del pecho, retumbando en tu oído las palabras que nunca sería capaz de pronunciar. Yo te daba pequeños mordiscos tibios en la cara, te apretaba con codicia, tú gemías de contenta. Era tan feliz que me dolía.

Cuando he dormido bien y amanezco aliviado del dolor o el cansancio de la vejez, sé que a la noche he soñado contigo, Millaray, por los surcos salados de mi cara lo sé. Salados y resecos.

Ya no tengo en el cuerpo ni en el alma la fuerza para amarte como entonces. Tal vez por eso te odio como te odio. Y, sin embargo, en la agonía de mi vida, todavía espero.

Capítulo 25
La cautiva

Sé piadoso en la victoria si pretendes piedad cuando te toque estar derrotado.

Nos derrotaron, es verdad. Pero no sé si vencieron. La Pampa no es un bocado para comer hambriento, ya lo va sabiendo el coronel a quien sirvo desde que fui robada de los toldos de Pereyra Carupán-Kurá, el único hombre a quien me he sentido atada, hace ya diez años, durante el malón grande de los blancos, en el año 1879.

En vano ha intentado este hombre ser estanciero en las tierras con que Roca premió a sus oficiales. Porque acá una cosa es tratar y otra muy distinta poder. Además, no se convierte tan fácil al guerrero en labrador o al lobo en pastor; esta certeza, que vale para menoscabar a mis paisanos, rige también para el hombre blanco. Es imposible ordenar a la tierra que nos dé de comer o fusilar dos vacas para que las otras asustadas empiecen a reproducirse. Hay que entender y amar a la tierra para recibir su favor.

El fracaso lo está hundiendo en el alcohol, he notado que mis paisanos le entraban a la borrachera con alegría y que el blanco lo hace con rencor. Después se descarga entre mis piernas torpemente, supe que esto iba a ocurrir tarde o temprano, desde que su esposa se le volvió a la ciudad es más frecuente, pero antes también sucedía.

—Así que este desierto es el premio que te ha concedido el presidente por matar salvajes, pues en él te dejo y que seas feliz —le dijo la mujer al partir.

Con seguridad ya muy cansada de ver su piel blanca arder en ampollas durante el verano y quebrarse de frío en las heladas de invierno, de verse sometida a los deseos compulsivos del coronel, a sus instintos cada vez más descontrolados, de verse a sí misma perder a diario la compostura o decencia cristianas y vivir aislada en medio de la barbarie.

En la ciudad podrán las mujeres manejar a los hombres en la cama, pero acá manda la ley del más fuerte, la naturaleza manda. El guerrero se reproduce sin medida ni razón, más allá del deseo, sabe, aunque se piense inmortal, que morir pronto es su destino.

Solo permaneció con él su hijo varón, que no es su hijo, no necesito más ciencia que la observación para tener esta certeza, Carupán-Kurá nunca habría aceptado un niño tan distinto como propio. De todas formas, nada bueno sacará de este padre por más que lo intente.

Cuando lo encontró meneándosela a solas en el campo lo metió en mi habitación.

—Hágase hombre —le dijo, encerrándolo conmigo.

Cuando el muchacho me vio desnuda se derramó en sus ropas, pero con el tiempo ha aprendido mucho más que su padre que ha de morir ignorante en estas cosas.

—China. Chinita —me acaricia su voz en el momento culminante, recuerdo los mismos estertores en la voz de Carupán-Kurá con mi nombre apagándose en sus labios.

—Amuillang, Amuillang.

Después lo miro dormido a mi lado, lo acaricio como a un cachorro consentido, le hago rabiar los labios contrariando con mis dedos los suaves bellos de los bordes de su boca, su incipiente esbozo de bigote.

No me explico cómo esta raza ha logrado imponerse, podría sofocarlos a los dos entre mis brazos ayudada por las piernas si así lo decidiera, tan fácil sería matarlos. Pero el chico no lo merece, además la dulzura de sus manos me recuerda la pericia de Carupán-Kurá, que convertía mi cuerpo, a veces, en jinete salvaje y a veces en potranca indomable. Ninguna mujer que ha tenido hijos es capaz de matar, aunque la muerte haya formado parte de su vida como lo fue en la mía. Sé que mis hijos están a salvo, cuidados por su abuela Millaray, mi madre, ellos lograron salvarse cruzando a Chile, luego volvieron cuando Namún-Kurá fue indultado, ahora viven en Neuquén.

Tal vez un día logre volver a verlos, quizás también vuelva a ser libre y ya feliz, puede que mi cuerpo deje de negarse a concebir. Aún estoy en edad de poder hacerlo, pero no ocurre a pesar del ejercicio al que me veo sometida. No logro entender cómo Rosaura pudo darle dos hijos a mi padre Cayupán en estas circunstancias; a veces, dada como soy a especular, lo adjudico a que el blanco se amiga con la tierra cuando se aparea con el nativo, como si pusiera sus deseos en paz. Pero, para nosotros, a pesar de la atracción, sentimos que contrariamos nuestra naturaleza reproduciendo la vida del blanco, quizás por eso nos volvemos estériles.

Sé el poder que las hembras de mi raza ejercen sobre los instintos del blanco, aunque nos digan feas o nos acusen de sucias por oler como huele la gente de la tierra. Lo cierto es que vienen a nosotras cebados y sin escrúpulos por creernos fáciles, como un moscardón a la flor, luego quedan para siempre atrapados en la miel.

He visto el brillo de la gula en los ojos de las perras cristianas cuando se ponen a observar con descaro, por considerarlos poco menos que animales, a nuestros hombres, aunque digan despreciarlos por salvajes. Esa será nuestra venganza, no se librarán de nuestra sangre a pesar del placer que sienten en derramarla.

He pensado mucho en escapar, sobre todo últimamente que el coronel no sale de sus borracheras, lo he escuchado decir que venderá todo para volver a la ciudad. Calculo que estamos cerca de Guaminí, cuando me trajeron pasamos cerca de los aduares de Millaqueu-Kurá. Pero me dicen que La Pampa ahora está poblada solo de blancos, que no encontraré en ningún rumbo paisanos que me puedan ayudar. Sin embargo; sueño que habré de lograrlo, esa única ilusión me alienta a respirar, día tras día, en medio de la tristeza en que vivo.

Pienso en mi madre en los momentos más amargos, en su firmeza para vivir lejos de sus afectos, en su amor para no hacerme sufrir el dolor del destierro cuando se supo olvidada de Cayupán, mi padre.

Recuerdo a mi hombre, Carupán-Kurá, al orgullo que despertaba en Piedra Azul su padre cuando lo veía maniobrar al mando de sus lanceros en medio de la batalla, usando métodos y tácticas que llegaron a admirar los propios blancos, la satisfacción con que halagaba la vanidad de sus hijos bravos cuando regresaban victoriosos.

Uno de ellos fue el hombre que perdió la voluntad, la bravura y la templanza detrás de las formas de mi cuerpo, de la trampa halagadora adonde mis ojos lo empujaban, que se enemistó con su hermano, que desafió la ira de su padre, que se puso en evidencia ante su gente cuando sintió que me perdía, que demostró que un Piedra también se doblaba por el amor de una mujer. Nunca supe nada de él, estará más viejo si es que aún vive, me habrá buscado tal vez.

Su recuerdo aún me punza en algún lugar del pecho, como cuando regresó a mis toldos arrastrando la chuza, solitario y pasó a mi lado sonriendo con su risa ladina en ese caballo caprichoso y consentido, y mis ojos se fueron detrás de su estampa como prendidos en una tela de araña.

Capítulo 26
Epílogo

La derrota tiene algo positivo, nunca es definitiva. En cambio, la victoria tiene algo negativo, jamás es definitiva.
(José Saramago)

El sueño ha terminado. Con él concluye un tiempo que fue nuestro: el reposo de las noches sin angustias y la certeza de los amaneceres venturosos. Los rescoldos del largo festejo se apagaron, son cenizas nada más, juguetes del viento de La Pampa que las arrastra a su antojo sin destino. Habremos de pagar con la misma medida de dolor tanta alegría, tantos excesos sin sentido, tanta soberbia sin sustento, tanta crueldad sin justificación.

Las fuerzas de la naturaleza y del espíritu tienden al equilibrio, por eso sé que nuestro martirio recién empieza y será largo, el dolor de ya no ser habrá de aumentar nuestros pesares. El hambre que muerde en nuestras tripas nos recuerda las vaquillas muertas sin otro fin que beberles la sangre; y el resto puro alimento para los caranchos. Sin embargo, la sed que nos tortura en esta huida no logra que los hombres se arrepientan de las aguadas envenenadas para evitar que bebieran los blancos. Pie en tierra, marchan a los tumbos como pollos degollados pretendiendo escapar de la derrota, como si ésta fuera una cuestión de lugar o distancias. Estamos en la derrota, nos persigue, nos rodea y es definitiva, viviremos o sucumbiremos en ella.

Deambulan torpes los machos, desacostumbrados a la humildad de sus pasos, pasaban del lomo de la madre a los caballos, de estos a las hembras que robaban, de ellas al alcohol, de la borrachera a sus mujeres, siempre tuvieron algo para jinetear.

Las manos les cuelgan inútiles y vacías de sentido: una les sobra sin las riendas que llevan a la victoria; la otra igual, sin la chuza que regala la muerte, sin las bolas que agrandan la vanidad.

En sus pies que sangran pisando guijarros, se redimen las yeguas que morían sin sentido, por ser hembras, por ser viejas, por su grasa, por su carne y su sangre, por capricho.

Avanzan resentidos siguiendo nuestros pasos, nos empujan a veces, aún pretenden la obediencia de antaño. La derrota todavía no humilló sus almas, pero ya lo hará, alucinan que tendrán la oportunidad de la revancha. No entienden que ya no son más que una carga, que acabó para siempre el dominio de los machos, que solo nosotras habremos de salvarlos, si es que hemos de sobrevivir.

Que ninguna mujer te exalte como la batalla. Que ninguna mujer te eleve como la victoria.

Que ninguna mujer te emborrache como el alcohol. Que ninguna mujer te ocupe como un caballo.

Que ninguna mujer te sujete como un lazo. Que ninguna mujer te ate como la sangre. Que ninguna mujer disfrutes como la venganza. Para dar la vida nacen, nosotros para cegarla.

Para ellas la tierra que sujeta, para nosotros el viento. Ellas solo derraman su propia sangre, nosotros la ajena. Esclavas de los ciclos de la luna viven, nosotros somos hijos del sol.

Nueve lunas llevan a sus hijos en la panza, el doble sobre su espalda, para nosotros es solo un destello el engendrarlos. Por eso se atan a ellos para siempre, nosotros a la raza.

Este era el credo del hombre que nos llevó a la gloria y al ocaso. Así educó a sus hijos, a los hijos de sus hijos y a los hijos de los hijos de sus hijos. Es decir, a todos los hombres de su tiempo, que fue largo, demasiado para que durara más allá de su muerte. Murió creyendo en estas estupideces. Murió rey.

CanayLlancatú-Kurá, la única hija autorizada a tocarlo temió ver derramada la sangre de sus hermanos, por eso en el momento crucial le susurró la pregunta que los liberara. Pero los labios del padre solo pronunciaron la orden de luchar, sabio o estúpido, fue fiel a sí mismo, calló para siempre el nombre del sucesor. La sangre no se ahorra, es un precio que se debe pagar, el mando no se hereda y el poder se toma.

Dicen que Roca viene degollando hermanos, con un sable que se le desafila de matar, que de su casco salen siete víboras blancas cuyo aliento paraliza la defensa de los hombres y los convierte en corderos entregados. Viene en un carro tirado por dos caballos blancos que tienen las patas y la panza roja de la sangre de los cuerpos que pisan al pasar. Quiera el Huenu-Chao que acabe pronto esta huida de espanto, que las distancias apaguen el rencor de los blancos, que el viento confunda los pasos de Roca, que la sangre que derrama ahogue su ambición, que La Pampa se apiade de los hijos de la tierra, que perdone nuestras ofensas, que nuestros perseguidores se contenten en sus campos.

Los niños mueren por el frío y el hambre, sin un llanto, simplemente se duermen en los brazos de sus madres para no despertar más. Después, a ellas hay que arrearlas como si fueran ganado de pérdidas que andan de dolor. Cuando los blancos encuentran una joven se la llevan a las casas de sus esposas blancas, a los muchachos que no matan los han llevado a un puerto para embarcarlos, solo se vuelven mansos en medio del mar.

Los hombres no sirven ni siquiera para mantenernos juntos. Ellos creen que sueñan ahora y no antes, que la vida ocurría cuando eran señores de la chuza y la bola. Que esto es solamente la pesadilla de un pedo de aquellos, que habrán de despertar rodeados de bonanza, con la perrada peleando por las sobras de la matanza, las cautivas llorando las vejaciones y nosotras esperando que se les pase la resaca para acercarnos. Nada de eso habrá de ocurrir ya.

Lo presienten también los ojos encendidos de mi nieto, a quien acabo de gritar porque a punto estuvo de abandonar los palos que le encomendé, no sabe, no puede imaginar que serán el telar que ha de vestirlo un día. Le lastima, lo sé, como a todos, seguir y obedecer a una mujer, pero yo y la niña somos lo único que le queda de su sangre. A su madre, Amuillang, llamada la bellaca por mi marido Cayupán, la robaron los blancos de los toldos de Carupán-Kurá. Tampoco nada supimos de él, andará muerto tal vez o cautivo en la isla del río ancho.

Tal vez mi nieto algún día llegue a ser platero como mi padre o pastor como mis cuñados en Chile, lo que nunca será es guerrero. Aún no ha matado, no ha probado alcohol, ni conoce mujer, está a tiempo de salvarse si no lo ven los blancos, si no escucha los inútiles delirios de los hombres, si no sigue el instinto implacable de su sexo.

—Ñuke Millaray —escuché un día en la puerta de mi ruca, eran mis nietos, me hallaron en el azar de una desbandada y agradecí a Nguenechén por su extrema bondad.

Supe en ese momento por qué sobreviví el dolor del desarraigo, a la pena del abandono a la que me sometió Cayupán, mi difunto esposo. Comprendí por qué nunca pude darle un hijo varón, por qué las hijas nunca extravían el camino de regreso a sus padres y por qué los hijos recuerdan a la madre en el momento fatal.

Entendí que a pesar de mis años aún estaba a mitad de camino. Y por qué siempre aprecié tanto lo que aprendí de mi abuela, por qué me he aferrado a los hábitos y costumbres de mi infancia. Tomé las semillas que renuevo año a año, también mis viejos trastes de sembrar, llené los chifles de agua y me largué a cuidar la vida que ha de empezar mañana. Cuando los blancos se cansen de andar. Con lo poco que haya, con lo que nos dejen, con el sol y la luna, con la tierra y el agua, con el fuego y la sal.

Yo, Millaray, aún soy capaz de dar vida.

Fin.

Apéndice
Los protagonistas, las palabras y los hechos

He creído del mayor interés tener un parlamento con los indios pehuenches, con doble objetivo, primero: El que, si se verifica la expedición a Chile, me permitan el paso por sus tierras; y segundo, el que auxilien al ejército con ganados, caballadas y demás, a los precios o cambios que se estipularan.

Cuartel General de Mendoza. 10 de septiembre de 1816. Señor José de San Martín. (Al gobierno de Buenos Aires)

*

Los he convocado para hacerles saber que los españoles van a pasar del Chile con su ejército para matar a todos los indios y robarles sus mujeres e hijos. En vista de ello y como yo también soy indio, voy a acabar con los godos que les han robado a ustedes las tierras de sus antepasados.

General San Martín al parlamento indígena reunido en la provincia de Mendoza

*

Mapuche ñi mapuche (la tierra de la gente es para la gente de la tierra).

Cacique general Juan Calfú-Kurá (Piedra Azul)

*

La providencia tan justa y sabia en todas sus medidas, me ha destinado para el cumplimiento de esta grande obra, y yo he correspondido en todo según la orden de Dios. Lo que únicamente falta para que Dios esté satisfecho es que nos demos pruebas de verdadera amistad, haciéndonos buenos amigos.

Carta de Calfú-Kurá a Juan Manuel de Rosas, explicando la matanza de Masallé.

*

Mi querido ahijado:
No crea usted que estoy enojado por su partida, aunque debió habérmelo prevenido para evitarme el disgusto de no saber que se había hecho. Nada más natural que usted quisiera ver a sus padres, sin embargo, que nunca me lo manifestó. Yo le habría ayudado con el viaje haciéndolo acompañar. Dígale a Painé que tengo mucho cariño por él, que le deseo todo bien, lo mismo que a sus capitanejos e indiadas. Reciba este pequeño obsequio que es todo cuanto ahora le puedo mandar. Ocurra a mí siempre que esté pobre. No olvide mis consejos que son los de un padrino cariñoso, y que Dios le dé mucha salud y larga vida.

Carta de Juan Manuel de Rosas a su ahijado Mariano Rosas (Paguitrúz Guor) luego de que este se escapara de su "protección" a Leuvucó.

*

Este deseo expresado por mí, lo hago con el corazón henchido de gusto, y creo que cualquier sacrificio, la muerte si preciso fuere, la recibiría con la mayor resignación, y en ello esté seguro S.E., tendré un placer, siempre que fuese por sostener un principio expresado, esa inmensa deuda que tengo con S.E. y que hasta ahora sigue en descubierto, por cuya razón creo ser hoy en tiempo en que yo pueda desempeñarme.

Coronel Manuel Baigorria al general Justo José de Urquiza, antes de segunda Cepeda.

*

"Baigorria, al frente del regimiento de Dragones 7º de caballería de Línea de la Confederación y de un regimiento de Indios Ranqueles, se corrió por las fronteras y se reunió al ejército de Mitre que marchaba a Pavón a combatir a Urquiza en Caseros."

Estanislao Cevallos. *Calvucurá y la dinastía de los Piedra.*

*

Este tuvo la gloria en Pavón de ser el único cuerpo de caballería que peleó con éxito, saliendo reunido del campo cuando el resto de la caballería había flaqueado por todas partes.

Fragmento de un parte de guerra de Domingo Faustino Sarmiento. Sobre la actuación del Séptimo de Dragones al mando del coronel Baigorria en Pavón.

El imperio del sol de mediodía

*

Me dicen que ya han mandado fuerzas a Choéle-Choel y que vinieron a hacerme la guerra; pero yo también he mandado mi comisión adonde mi hermano Reuque-Kurá para que mande gente y fuerzas; pero si se retiran no habrá nada y estaremos en paz.

17 de septiembre de 1868. Calfú-Kurá al gobierno nacional, a raíz de la propuesta de paz y los tratados en toda la línea de fronteras. Luego de la ley de apropiación de tierras indígenas votada en el fin de la presidencia de Mitre y ratificada por Sarmiento. Pero con las tropas nacionales aún ocupadas en la guerra del Paraguay.

*

"Con estos antecedentes y otros tantos que podríamos citar, para que se vea que nuestra civilización no tiene el derecho de ser tan rígida y severa con los salvajes, puesto que no una vez sino varias, hoy unos, mañana los otros, hemos armado su brazo para ayudar a exterminarlos en reyertas fratricidas, como sucedió en Monte Caseros, Cepeda y Pavón."

Coronel Lucio V. Mansilla. *Una excursión a los Indios Ranqueles.*

*

Si se consigue que las tribus hoy alzadas se rocen con la civilización que va a buscarlas, si se les cumplen los trata-

dos, en una palabra, si ellas que solo aspiran a la satisfacción de sus necesidades físicas, palpan la mejora en su modo de vivir puramente material, puede asegurarse que el sometimiento es inevitable.

Adolfo Alsina. Ministro de Guerra y Marina del presidente Nicolás Avellaneda, durante el debate epistolar que sostuvo con el comandante de Fronteras General Julio Argentino Roca, en un diario de Río Cuarto, sobre los métodos más idóneos en la lucha contra el salvaje.

*

Anoche soñé que me robaban un campo.

Fragmento de una carta de Manuel Namún-Kurá al ministro de Guerra y Marina Adolfo Alsina, quejándose por la ocupación de Carahué.

*

El Gobierno Nacional ha ocupado el Carahué y otros puntos que usted sabe, "no porque los necesite" sino porque quiere garantirse contra los robos que usted, Catriel y Pincén, ayudados por indios extranjeros, hacen en nuestros campos. Me hace usted en su carta la historia de sus derechos a las tierras de Carahué. Yo podría contestarle también la historia del derecho de mi gobierno a las tierras de Tres Arroyos, Necochea, Juárez, Azul, Olavarría, Tapalqué y otras más.

Respuesta del ministro Adolfo Alsina a Namún-Kurá (nótese que, a pesar del tono descortés, el salvaje sin méritos, como se lo nombró en la historia oficial, ameritaba entonces la respuesta de un ministro).

*

Opino que tenemos el deber de morir en Carahué, pero si el gobierno resuelve ordenar la retirada, desde luego declaro que yo no volveré a Buenos Aires, y V.E. puede nombrar al jefe que ha de tener la triste gloria de regresar al frente de la división.

Respuesta del coronel Nicolás Levalle al ministro Adolfo Alsina, sobre su opinión de abandonar Carahué.

*

Que después que hagan el ferrocarril, dirán los cristianos que necesitan más campos al sur, y querrán echarnos de aquí, y tendremos que irnos al sur del Río Negro, a tierras ajenas, porque entre esos campos y el río Colorado o el Negro, no hay buenos lugares para vivir.

En esta tierra el que manda no es como los cristianos. Allí manda el que manda y todos obedecen. Aquí hay que arreglarse primero con los otros caciques, con los capitanejos, con los hombres antiguos. Todos somos libres y todos somos iguales.

Cacique Paguitrúz Guor (Mariano Rosas) al coronel Lucio V. Mansilla.

*

El mejor sistema de concluir con los indios ya sea extinguiéndolos o arrollándolos al otro lado del río Negro, es el de la guerra ofensiva, que es el mismo seguido por Rosas que casi concluyó con ellos. No soy personalmente partidario del sistema de fortines, que a mi juicio matan la disciplina, diezman las tropas y poco o ningún espacio dominan.

Yo me comprometería, señor ministro, ante el gobierno y ante el país, a dejar realizado esto que dejo expuesto, en dos años, uno para prepararme y otro para efectuarlo.

Nota enviada por el general Roca al diario la Voz de Río Cuarto 1876) en su polémica con el ministro de Guerra y Marina del presidente Avellaneda.

*

Si no lo haces tú, lo harán otros que vengan después, quizás nuestros enemigos políticos, y lo harán fácilmente.

Carta de Álvaro Barros a Adolfo Alsina, cuando este era ministro, sobre la guerra de los indios.

*

No puedo comprender como después de tres siglos de contacto con la civilización, pudieron aprovechar de ella nada que no fuera lo peor: el alcohol, el vicio del juego, las enfermedades venéreas, las artes del engaño. A diferencia de otros indios de América los de la Pampa jamás cumplieron una actividad productiva. Nunca sembraron una semilla, ni plantaron en árbol, ni criaron una vaca.

Solo viven del saqueo y las extorsiones que arrancan a los gobiernos. Rosas es el gran culpable de una política basada en el soborno permanente. Solo saben pedir, llorar, mentir y robar.

¡Pobrecitos! Pobres salvajes. Quisiera ver a esos jueces del futuro frente a las estancias arrasadas, los pueblos incendiados, las cautivas arrebatadas a sus familias, las riquezas destruidas. / Quisiera verlos frente a esos repugnantes ejemplares de la especie humana: sucios, perezosos, como si la eternidad les hubiera sido concedida, carentes de la menor noción del honor o la verdad.

Reflexiones del general Roca sobre los indios pampeanos. *Soy Roca*, de Félix Luna.

*

No se trata Sr. ministro de dar seguridad a la frontera, se trata precisamente de que no haya más frontera. Cómo vamos a renunciar a una heredad que nos pertenece como sucesores del poder hispano, porque unos roñosos nómades merodean las praderas que no saben, ni quieren fecundar, cuando gente emprendedora pide tierra para explotar. Seremos menos viriles como nación que los EE. UU. con su Oeste y la Rusia con su Siberia.

Respuesta de J.A. Roca a Adolfo Alsina

*

—No se confíe general, quedan Namún-Kurá y Reuque-Kurá, y los jefes de la dinastía de los Piedra son bravos.

—*Sí, pero si ellos son Piedra, yo soy Roca. Roca sólida.*
Dialogo entre Estanislao Cevallos y el general Roca.

*

Hasta nuestro propio decoro como pueblo viril nos obliga a someter cuanto antes, por la razón o por la fuerza, a un puñado de salvajes que destruyen nuestra principal riqueza y nos impiden ocupar definitivamente, en nombre de la ley del progreso y de nuestra propia seguridad, los territorios más fértiles y ricos de la república. Hemos sido pródigos de nuestro dinero y de nuestra sangre en las luchas sostenidas para constituirnos, y no se explica cómo hemos permanecido en perpetua alarma y zozobra, viendo arrasar nuestras campañas, destruir nuestras riquezas, incendiar poblaciones y hasta sitiar ciudades en toda la parte sur de la república, sin apresurarnos a extirpar el mal de raíz y destruir esos nidos de bandoleros que incuba y mantiene el desierto.

Mensaje enviado por el presidente Avellaneda al congreso junto con el proyecto que se aprobaría como Ley 947, el plan Roca.

*

En la guerra no se puede ser ingenuo, y mucho menos, idealista; a lo sumo se puede evitar ser canallesco, engañado sucesivamente en los pactos de Azul y Olavarría, Alsina lanzó entonces a Winter contra Juan José Catriel y a Levalle contra Namún-Kurá. El éxito de estas dos campañas puso la razón del lado de su adversario, que se oponía totalmente al sistema progresivo español de línea de fuertes sostenido por el ministro. Repentinamente, el 29 de diciembre de 1877 muere el ministro Alsina antes de poder admitir sus errores. El nuevo ministro de Guerra y Marina fue entonces el comandante de Fronteras, Julio Argentino Roca, un brillante oficial que alcanzó el generalato a los 31 años, raro caso entre los militares argentinos, pues obtuvo todos sus ascensos como resultado de acciones bélicas, en defensa de la patria o la constitución. Tan eficiente como arrogante y ambicioso, solo pidió dos años y seis mil hombres. Prometió que ya no habría más fronteras, ni fortines, ni malones. No lo dijo ni le preguntaron los que lo armaron, pero tampoco habría más hijos de la tierra sobre los campos del sol. Ese ministerio le dio la presidencia, esa presidencia, otra más.

Nota del autor.

*

Seis mil hombres. Es esta una cifra mítica en la historia Argentina. Mítica e insoslayable. Con una legión romana, San Martín cruzó la cordillera y liberó Chile. Con una legión, Calfú-Kurá, fue el dueño de La Pampa por medio siglo. Con una legión, Roca acabó con los pampas.

Nota del autor.

*

Me es doloroso recordar que lo que se tiene por con-

quista de la Pampa, en cuya virtud los míos fueron desalojados de las Salinas Grandes donde se deslizó mi niñez, donde mi padre combatió durante cuarenta años a los Chilenos / Me ausenté entonces llevando siempre el pabellón de la patria, que lo he sabido honrar siempre desde mi juventud, tal vez mejor que muchos que se han titulado patriotas y que no han buscado otra cosa que hacerse propietarios de las tierras. No me quedó otro recurso que remontar a pie las cumbres nevadas de los Andes, me habían puesto fuera de la ley. / Desde mi llegada a la República de Chile fui objeto de la mayor hospitalidad. Se me presentaron en Villa Rica mil ochocientos soldados que volvían triunfantes de Perú. / Querían que aceptara este contingente y otros más que vendrían luego, para dirigirlos a la conquista de las tierras de que fui despojado por el ejército Argentino. Pero sentí como buen patriota que me avergonzaba de oír tales ofrecimientos y los rechacé con altivez, declarándome mucho más argentino que muchos que se encontraban destacados en la frontera de la Pampa deseando exterminar a mi raza. Entonces resolví regresar a mi patria.

Carta de Manuel Namún-Kurá al diario La Prensa, fechada el 30 de abril de 1908.

*

Tengo la seguridad que bien pudo evitarse en esa ocasión el sacrificio de miles de vidas, por supuesto muchas más de indios que de cristianos. Y sobre todo porque se tenían a mano los medios de someter pacíficamente a los

que se resistían al despojo por medio de la sangre.
Perito Francisco Pascasio Moreno.

*

Al final llegamos a la conclusión que ya no había indios. Irónica respuesta dada por el general Roca a una malintencionada pregunta de un periodista sobre el verdadero alcance militar de la campaña del desierto.

*

Preferimos morir libres a vivir esclavos.
Caciques Reuque-Kurá y Valentín Sayhueque en el último parlamento.

*

En la línea 11 de la página 262 del glosario dice: Rosa Guarú = La verdadera madre de San Martín.

Sobre la falsa identidad y la condición mestiza del General José Francisco de San Martín. En efecto, el citado no era hijo de Juan de San Martín y Gregoria Matorras como figura en su biografía oficial, sino del Brigadier Diego de Alvear y Ponce de León y la india Rosa Guarú.

Esta es la información en *Wikipedia* sobre el citado brigadier:

Años antes, al parecer según crónicas de diferentes autores entre los que está su nieta, Joaquina de Alvear, hija del General Carlos María de Alvear, habría tenido otro hijo natural, fruto de una relación con una indígena guaraní llamada Rosa Guarú, y que sería adoptado por la familia del teniente gobernador de Yapeyú (Argentina) Juan de San Martín, tratándose del que en un futuro llegaría a ser el libertador José de San Martín. Este controvertido asunto fue declarado de interés en Argentina por la Cámara de Diputados de la Nación, según resolución del 4 de octubre de 2006.

Sobre esto hay bibliografía, entre ella los libros: *El secreto de Yapeyú* del historiador Hugo Chumbita. Editorial Emecé. 2001 – *Don José. La vida de San Martín* de José Ignacio García Hamilton. Ediciones de Bolsillo. 2004.

La pregunta es por qué se niega esta verdad de la que hay suficientes pruebas. Los descendientes de la familia Alvear tienen una posición ambigua, parte niega y parte calla. El gran censor y problema es el Ejército Argentino. Un ejército formado en las tradiciones de honor, disciplina, conducta, heroísmo e ideales sanmartinianos que no tolera que su máximo héroe y único Capitán General, sea hijo natural y menos todavía un mestizo, con un agravante, es el fundador del arma de Caballería, que es la más elitista en todos los ejércitos del mundo. Un oficial de Caballería debe ser siempre un hidalgo y nunca un mestizo mal concebido. La otra explicación es el racismo. Tomasa de la Quintana, madre de Remedios de Escalada, la esposa de San Martín, no aceptaba el matrimonio de la hija porque era evidente la sangre guaraní del futuro yerno en al menos un 50 % (se lo llamaba a sus espaldas: el indio, el matucho, el oscuro), mientras que su hija solo tenía un quinto de sangre guaraní. Es decir, una generación o dos de distancia de la sangre común habilitaba el desprecio de la misma. Los generales San Martín y Alvear se referían con respecto al otro entre terceros como "mi pariente", ese parentesco era la condición de hermanastros.

Otro mito es que Mercedes es la única hija de San Martín. En todo caso es la única reconocida. San Martín, como Bolívar, como Sucre, tenía mujeres que se le ofrecían sin necesidad de buscarlas, son famosos sus amores con Rosa Campuzano en Lima, y tuvo al menos tres hijos varones, uno en Perú y dos en Ecuador de los cuales hay constancia.

Bibliografía:

Nuestros paisanos los indios. Carlos Martínez Sarasola. Emecé. 1998.
Callvucurá y la dinastía de los Piedra. Estanislao S. Zeballos. Biblioteca Básica Argentina. 1993.
Soy Roca. Félix Luna. Altaya. 1996
Conquista de La Pampa. Manuel Prado. Taurus. 2005
Manuel Baigorria. Memorias. El Elefante Blanco. Mayo de 2006.
Manual de la lengua pampa. Federico Barbará. Emecé. 1999.
Memorias del Excautivo Santiago Avendaño. El Elefante Blanco. 2004
El país del humo. Sara Gallardo. Editorial Sudamericana. 1977

Glosario:

Calfú-Kurá = Piedra Azul
Toquinche = Deidad Mapuche, hermano de Nguenechén
Huenu-Chao = Padre Celestial
Nguenechén = Dios supremo
Huente-Kurá = Piedra Alta
Machi = Curandero
Manqué = Cóndor
Luam = Guanaco
Llalma-che = Gente del volcán Llalma, de Chile
Rosa Guarú = La verdadera madre de San Martín
Aucas = Guerreros de lanza
Namún-Kurá = Pie de piedra
Ranqueles o Ranculches = A pesar de las palabras de Antonio Namún-Kurá y la predisposición mal intencionada de Rosas a inducir al pueblo de Buenos Aires a pensar así. Esta afirmación es errónea, ya que los Ranqueles son una raza totalmente Argentina, pura por cruza como lo somos todos, y sus altivos caciques desecharon el exilio como solución a sus penurias. Todos prefirieron morir combatiendo o apagarse prisioneros del estado argentino.

El Toqui es un hacha de piedra. Gran Toqui. Primer Hacha de la nación.

Lonco = Cabeza / Jefe
Antú Tripantú = Verano
Chao = Padre
Ñuke = Abuela
Ruca = Casa
Reumay = Raíz amarga

Chedqui = Suegro

Gner, en araucano; Guor, según los cristianos; Ñurú, según los ranqueles = Zorro

Leuvucó = Agua que corre.

Futa = Grande

Pichún Guala = Pato zambullidor

Chesquí = Consuegro

Pichi Huinchan = Pequeño Ladrón

Pichi Gner = Pequeño Zorro

Curú Ñamcú = Águila Negra

Antú = Sol

Mapu = Tierra

Curef = Viento

Huecufú = El maligno/Diablo

Chenques = Tumbas

Choique = Avestruz

Hwaiky = Lanza

Nikay = Bolas

Fucha Mahuida. Grandes montañas, se aplicaba a la cordillera de los Andes.

Manqué = Cóndor

Curao = Borracho

Carahué = Actual ciudad de Carhué en el sudoeste de la provincia de Buenos Aires.

Kumé-Kurá = Piedras mágicas a las cuales Calfú-Kurá adjudicaba su poder de adivinación.

Charles Romuald Gardès. Sería con el tiempo el cantor Carlos Gardel.

Horacio Martín Rodio, el autor

Llavallol, Buenos Aires, Argentina (1954). Es autor de los libros *Palabras de piedra* (1999), *Media baja* (2012), *La insistencia de la desdicha* (2018) y *Ausencia y error* (2023).

1° premio J. L. Borges Ciberboock. Argentina 1996; 1° Premio Cuentos Suburbanos Ediciones Baobab. Argentina. 1997; 2° Premio Cuento "Traspasando fronteras". Universidad de Almería. España. 2007; 1° Premio Cuento "Traspasando fronteras" Universidad de Almería España 2009; Accésit Cuento. La lectora impaciente. España 2009; 1° Premio Cuento Ciudad de Lobos. Argentina. 2010; Accésit Certamen Internacional de Relato "La lectora Impaciente" España 2011. 1° Premio Cuento El Zorzal. Argentina. 2012; 1° Cuento Mario Nestoroff. Chaco. Argentina. 2013; 1° Premio Cuento EDEA. Avellaneda. Argentina. 2013; 1° Premio Cuento "Villa de Errenteria" España. 2013; 1° Premio Cuento Ciudad de Azul. Argentina 2013.

Segundo Premio Municipal CABA Eduardo Mallea. Argentina. Bienio 2011/2013; 1° Premio Cuento Floreal Gorini, Centro Cultural de la Cooperación. Argentina. 2015; Mención Cuento Premio Julio Cortázar La Habana. Cuba. 2015; 3° Premio Cuento Bonaventuriano Universidad de Cali. Colombia. 2016; 1° Premio Cuento Ciudad de Pupiales. Fundación Gabriel García Márquez. Nariño. Colombia. 2021; 1° Premio Poesía Ciudad de Azul Argentina 2015; 2° Premio Poesía Alejandra Pizarnik. Santa Fe. Argentina. 2017; 3° Premio Poesía Centro Cultural Kemkem. Necochea. Argentina 2018; 2° Premio Poesía. Adolfo Bioy Casares. Las Flores. Argentina. 2020; 1° Premio Poesía. Adolfo Bioy Casares. Las Flores. Argentina. 2021; Única Mención IV Premio de Novela Héctor Rojas Herazo. Colombia. 2020.

Kercentral Magazine - Editorial incluye esta impactante y épica historia en su Colección Historia novelada, siempre con el afán de arrojar luz sobre un momento prácticamente desconocido para el público, a saber, la suerte corrida por los pueblos originarios americanos una vez terminan las revoluciones de independencia, en este caso el gran drama vivido por los pueblos que habitaran la llanura pampeana y la actual Patagonia argentina y chilena.

Un sincero agradecimiento de este equipo editorial para Horacio Martín Rodio, el autor, por su extraordinario talento y labor investigativa.

★

Kercentral Magazine

Made in the USA
Columbia, SC
16 July 2024

06a88343-bbcc-4e12-ad60-83120dfdb7f9R03